Joachim H. Bürger

Mann, bist Du gut!
Was Männer den Frauen immer schon mal sagen wollten

Verlag PETER ERD · München

CIP-Titelaufnahme der Deutschen Bibliothek
Bürger, Joachim H.:
Mann, bist du gut! : Was Männer den Frauen immer schon mal
sagen wollten / Joachim H. Bürger. – München : Erd, 1990
ISBN 3-8138-0182-9

4. Auflage 1991
Umschlaggestaltung: Barbara Klauer
Copyright © Verlag PETER ERD, München 1990
Alle Rechte, auch die des auszugsweisen Nachdrucks,
der Übersetzung und jeglicher Wiedergabe, vorbehalten.
Printed in Austria
ISBN 3-8138-0182-9

Inhalt

Prolog

Eine Einleitung, die Sie sogar lesen müssen, um das Buch besser zu verstehen.

In den hochtechnisierten Nationen haben die Partnerschaftsbeziehungen in den vergangenen 30 Jahren erhebliche Verfallserscheinungen gezeigt. Archaische Strukturen, die sich seit Tausenden von Jahren bewährt hatten, wurden durch die Wandlung zur arbeitsteiligen Gesellschaft und den gewaltigen Informationstransfer gravierend verändert. Die traditionelle Aufgabenteilung, durch die Mann und Frau in festgefügten Rollen eingebunden waren, hat zunehmend an Kontur verloren, so daß die unterschiedlichen Energiepotentiale der Geschlechter, anders als von der Natur geplant, zum Einsatz gelangen.

Betroffen davon sind in erster Linie die Frauen, die in der postindustriellen Gesellschaft mehr und mehr an Aufgaben verloren haben, die in ihrer Natur bis dato verankert waren und ihnen ein ausgefülltes Dasein ermöglichten. Während der Mann weiterhin der Aufgabe des Broterwerbs nachzugehen hat, wurde die Frau durch eine Vielzahl von Convenience-Vorzügen mehr und mehr auf Müßiggang programmiert. Manche Einrichtungen sind heute so selbstverständlich geworden, daß kaum ein Mensch in der Lage ist, sich ein Fehlen dieser Dinge vorstellen zu können. Denn der Mensch hat sich immer schon damit schwergetan, aus der Geschichte zu lernen und sein zukünftiges Dasein aus den Erfahrungen der Menschheitsgeschichte abzuleiten. Neuheitsgläubigkeit und Zukunftsstreben genießen einen erheblich höheren Stellenwert als eine Positionierung an historischen Prozessen: So sind Kindergärten und Schulen für uns alle eine Selbstverständlichkeit, die es vor 150 Jahren noch nicht gab. Krankenpflege, Nahrungsbeschaffung und -aufbereitung, Waschen, Kleiden, Putzen, Transport und Informationstransfer haben zu einer enormen Verschiebung der Tätigkeiten geführt. Während der Mann ein Jahrhundert benötigt hat, um vom Zwölf-Stunden-Arbeitstag ein Drittel Reduktion zu erzielen und heute den Acht-Stunden-Arbeitstag erreicht hat, gelang es der Frau, ihre persönliche Arbeitszeit um zwei Drittel auf etwa vier Stunden intensiver Arbeit zu reduzieren.

Geblieben ist ein unausgeglichenes Energie-Potential. Einerseits liegt in der genetischen Struktur der Frau oft unbewußt noch der Wunsch, sich im klassischen Rollenverhalten auszuleben, andererseits fehlen ihr dazu die Möglichkeiten, die in der »schönen, heilen Welt« verschüttet wurden.

Dieser gesamte Prozeß wäre sicherlich einer wissenschaftlichen Betrachtung wert, was aber bei 99 Prozent aller Menschen auf Desinteresse stoßen dürfte.

Während sich die Rolle des Mannes und sein Einsatzpotential nur unwesentlich verändert hat, unterliegt die Frau unbemerkt einem Prozeß innerer Unausgewogenheit. Eine Einbindung in die arbeitsteilige Gesellschaft funktioniert nur oberflächlich: Aus einem Heger kann man keinen Jäger machen, um es plakativ zu umschreiben.

So werden seit einigen Jahren die brachliegenden Energiepotentiale anders eingesetzt als von der Natur vorgegeben. Dabei werden Aggressionen wach, die immer und überall da entstehen, wo sich Barrieren gebildet haben, seine physischen und psychischen Kräfte den Naturgesetzen entsprechend einzusetzen.

So richtet sich das aufgestaute Energiepotential in der neuen Phase des Geschlechterkonfliktes direkt gegen den Mann. Mit »Chauvi« und »Macho« hat die Frauenwelt neue Begriffe definiert, die zu einer weitreichenden Verunglimpfung des männlichen Daseins beitragen sollten. Dies ging deutlich unter die Gürtellinie und sollte den Mann dort treffen, wo nach Ansicht seiner

8

Erfinderinnen die größte zerstörerische Wirkung zu erzielen ist. Bei der Persönlichkeit, die in erheblichem Maße durch die Sexualität gesteuert wird. Geradewegs bezeichnend ist, daß es fast ausschließlich Autorinnen sind, die sich mit der Psyche des Mannes kommunikativ sezierend auseinandersetzen und sich zu einer Phalanx zusammengeschlossen haben.

Um dem neuen Trend einen Keil vorzuschieben, bedarf es einer Mischung aus allen zehn Regeln der journalistischen Kommunikation: Aktualität, Folgenschwere, Nähe, öffentliche Bedeutung, Dramatik, Kuriosität, Kampf, Liebe, Gefühl, Fortschritt. Erst eine Mischung aller Faktoren zu einer progressiven Konstruktion kann es schaffen, den intellektuellen Verwesungsprozeß zwischen den Geschlechtern aufzuhalten. Um den Anfeindungen Hunderter von Autorinnen zu begegnen, kann die konterrevolutionäre Kommunikation sich nicht in Reaktionen verschleißen, sondern muß zur spektakulären Gegenbewegung werden, die den Mann aus einem völlig anderen Blickwinkel definiert. Provokation ist ein Mittel der Macht und ein gezielt wirkendes Instrument, um die Diskussion zu aktivieren.

Den Tenor der Gegenströmung zu finden, war leicht. Denn Männer denken sehr viel anders, als Frauen es vermuten. Sie haben andere Verhaltensformen, andere Rituale, andere Perspektiven. Provokation gelingt aber nur dann, wenn sie kompromißlos betrieben wird, wenn nicht der ängstliche Blick nach rechts oder links die brachiale Macht der dogmatischen Darstellung bremst. Auch ethische Bedenken sind wahrhaft nicht förderlich, wenn es darum geht, Emotionen zu wecken. Es ist Ziel dieses Buches, Empörung zu erzielen! Frauen *müssen* es als niveaulos ablehnen, als Schlag ins Gesicht, als Beleidigung empfinden. Diskussionen entstehen nur, wenn der Zündstoff dafür vorbereitet ist. Die Diskussion darf dabei nicht nur die intellektuelle Minderheit einschließen, sondern soll für viele Zielgruppen nachvollziehbar sein. Nicht die wissenschaftliche Auseinandersetzung mit dem Beziehungsgeflecht zwischen Mann und Frau hilft weiter, die Geschlechter-Misere zu beenden, sondern die Provokation, mit der sich Männer identifizieren können und bei der Frauen lernen, in der Kommunikation zum Manne mehr Realitätsnähe zu entwickeln.

Wir müssen davon weg, immer nur in schönen wohlgesetzten Worten das kommunikative Ping-Pong zu betreiben. Wenn zwischen Sprache und Schriftsprache die Abweichungen zu groß sind, kann keine Affinität erzielt werden. Emotionale Themen müssen unter Einsatz gleicher Kommunikationsmittel ausgetragen werden. Wo Realitätsnähe notwendig ist, ist die wissenschaftliche Auseinandersetzung fehl am Platze.

Wenn Sie jetzt neugierig genug sind, andererseits auch hinreichend vorgewarnt, dann werden Sie auf den folgenden Seiten mit einer völlig anderen Welt konfrontiert. Mit einer Männerwelt, die selten genug in Buchform so plakativ, so perfide, also selbstherrlich, so chauvinistisch gezeichnet wurde. So hautnah und direkt haben Millionen Frauen sich noch nie in eine Diskussion mit Männern begeben.

Möge diese plakative Auseinandersetzung einen Beitrag dazu leisten, die Kompromißfähigkeit zwischen den Geschlechtern zu verbessern. Wünschenswert wäre es.

Und nun meine Damen: Empören Sie sich!

Joachim H. Bürger
im April 1990

Zur Sache!

Daß wir Männer eine kanzerogene Wirkung entfalten, wenn wir uns nur in die Nähe einer Frau begeben, hat mich wahrhaft umgehauen. Sie glauben's nicht? Dann hätten Sie mal am Montag, den 26. März 1990, nach 21.45 das Fernsehen einschalten sollen. Irgendeine dröge Doktorin aus der Emanzen-Ecke im wollgewirkten Pullover durchbrach mit dieser These die Schallmauer im Geschlechterkampf. Wenn ich dem intellektuellen Geschwafel richtig gefolgt bin, dann muß die kanzerogene Wirkung folgendermaßen verstanden werden: Im Büro haben wir Männer nichts anderes zu tun, als den Frauen ständig an die Brust und zwischen die Beine zu grabschen und sie zur Kopulation zu treiben. Das führt zwangsläufig dazu, daß sie angesichts der männlichen Triebhaftigkeit in einen unglaublichen Dauerstreß verfallen. Und dieser Streß wirkt krebserregend. Was machen wir also: Wir treiben unsere Mitarbeiterinnen in den Tod.

Immerhin ist es fast erfreulich, daß man uns wenigstens eine solche Bösewicht-Rolle angedichtet hat. Denn was da bei den Hofberichterstatterinnen aus dem Frauenlager sonst alles verbreitet wird, ist erheblich unattraktiver: Da werden wir zu »geilen Sklaven« abgehalftert, die zur Domina drängen. Wir lecken Stiefel oder lassen uns mit Lust in Ketten legen. Und die Großen und Prominenten der Männerwelt, die an den Schaltstellen des Ruhms und der Macht sitzen, sind die ganz Perversen unter uns: Die schaffen's nur noch, wenn ihnen förmlich die Luft abgedreht wird.

Es gibt aber auch noch den Typ Mann, dem schon längst das Rückgrat entfernt und durch ein Stück biegsamen Gummi ersetzt

11

wurde. Hausmann heißt er und wickelt voller Vergnügen Babys, erledigt Einkäufe und mixt seiner Göttin abends den Cocktail, wenn diese abgeschlafft ins Haus tritt.

Und dann gibt's da noch den »Döskopp«. Der ist völlig fertig mit der Welt. Er wird benutzt wie ein Teddybär und hat weder eine eigene Meinung noch einen anständigen Beruf. Dieser Typ scheint, wenn man den Autorinnen Glauben schenken darf, das erklärte Endziel der geistigen Umschulungsmaßnahmen zu sein. Und es müßte doch mit dem Teufel zugehen, wenn es nicht gelänge, diesen Optimal-Typ mittels der Gentechnologie tausendfach zu klonen. Er ließe sich verschleißfreudig konstruieren und wäre ein wirklich originelles Mitbringsel.

Ich meine: Irgendwann muß auch mal Schluß sein mit dem ganzen schwachsinnigen Geschwätz über das Wesen und Unwesen des Mannes. Männer sind in der Regel recht friedfertige Wesen im Umgang mit dem anderen Geschlecht. Die Mehrzahl ist auch nicht besonders schnell beleidigt, wenn sie den ständigen Attacken der Damenwelt ausgesetzt ist. Schließlich macht uns hart, was uns nicht tötet. Aber wenn wir bei diesem emanzipatorischen Angriffskrieg nicht bald aus der Defensive in die Offensive übergehen, könnte tatsächlich der Eindruck entstehen, daß unsere jahrmillionenalte Führungsrolle auf diesem Globus in Frage gestellt wird.

Also: Schluß mit dem entnervenden Gerede! Jetzt reden wir Tacheles und zeigen den Emanzen, wo's langgeht im Leben. Beweisen wir, daß Männer sich weder verunsichern noch verwirren lassen durch die Tiraden expansionswütiger Amazonen. In diesem Sinne viel Vergnügen beim Lesen!

1
Die Mädchen sind doof

Es wäre doch verwunderlich, würde dieser plakative Ausspruch nicht so mancher »Gleichstellungsbeauftragten« die Herzkranzgefäße verengen. Sei's drum!

Dabei stammt der Ausspruch nicht von mir, sondern gehört zum verbalen Repertoire jedes öffentlichen Kindergartens. Dort, an der Wiege des Menschseins, gehört diese Feststellung bereits nach wenigen Wochen zum festen Erkenntnisstand der Knabenschar.

Schon im Kindergarten wird deutlich, daß die Kommunikation der Geschlechter miteinander in hohem Maße problematisch ist. In diesen jungen Jahren ist der kleine Mensch nun aber hinlänglich radikal, um eben zur eingangs formulierten Schlußfolgerung zu finden. Im Laufe des weiteren Lebens verliert sich diese Direktheit. Leider.

»Knabe« zu werden ist eine glückliche Schicksalsfügung. Zunächst ist jeder von uns nichts anderes als ein »schmutziger Gedanke« seines Erzeugers. Mit etwas Glück wird aus diesem Gedanken aber Wirklichkeit. Da Jungs immer eine Spur fixer sind, haben sie beim »Schwänzchen-Verteilen« auch schneller »hier« gerufen. Fortan wird der kleine Unterschied ihr Leben bestimmen. Optisch relativ unbedeutend, kennzeichnet er seinen Träger immerhin als Mann. Eine gute Ausgangslage, um dem Leben frisch-fröhlich, und aktiv zu begegnen. Für den Rest seiner Tage bleibt er geistig wie seelisch erheblich anders konstruiert als die kleinen Wesen, die ohne das Ding auf die Welt gekommen sind.

13

Schon der erste Auftritt im Kindergarten zeigt es: Mit klarem Sachverstand hat der Junge blitzschnell begriffen, wie die kleinen Mädchen seelisch gebaut sind. Er macht das einzig Wahre: Er wendet sich ab und beschäftigt sich nur noch mit seinesgleichen. Täglich beweist der junge Erdenbürger aufs neue, daß er anders gepolt ist als die Damenwelt.

Familien mit Geschwisterpärchen müssen stets verblüfft feststellen, wie unterschiedlich sich Brüderchen und Schwesterchen entwickeln: »Ganz die Mama« heißt es dann, wenn Klein-Erna die Puppenstube wienert, »ganz der Papa« ist wiederum die pauschale Aussage, wenn Klein-Fritzchen sein Dreirad atomisiert.

Auf diesen Entwicklungsprozeß brauchen wir keinerlei Einfluß zu nehmen, für den sorgen die Chromosomen schon von ganz allein. Im Klartext: Die Buben bauen immer auf. Die Mädels sorgen im günstigsten Falle dafür, daß das Neuerschaffene erhalten bleibt. Allzu groß ist das Interesse am Erhalt dessen, was die Knaben aufgebaut haben, allerdings nicht. Das Erstaunliche ist: Selbst wenn Junge wie Mädchen im gleichen Umfeld aufwachsen und ohne Beeinflussung von außen in der Wahl ihres Spielzeuges autark handeln dürfen, so reizt den kleinen Buben die Ecke mit Bausteinen, Spielautos und Eisenbahn. Die Mädelchen zieht es hingegen zu Puppenecke, Kinderküche und Kosmetikköfferchen.

Nun mache mal einer den Versuch, dieses tradierte Verhalten umzupolen. Das wäre ungefähr so, wie Katzen das Bellen beibringen zu wollen. Unser kleiner Mann wird sich mit Händen und Füßen dagegen wehren, sein Kindergartendasein als Puppenmutter fristen zu müssen. Und die kleine Primadonna wird die Bausteine höchstens als Brennholz betrachten oder sie zu Wurfgeschossen degradieren.

Man muß in diesem Zusammenhang fairerweise konstatieren, daß sich bei der Mixtur der Chromosomen auch schon mal ein genetischer Fehler einschleicht. Da entwickeln kleine Knaben ein Faible fürs Puppenbemuttern, und kleine Mädchen sind tatsächlich in der Lage, Bausteine zu einem halbwegs manierlichen Bauwerk zusammenzufügen. Solcherart programmierte Ausnahmeerscheinungen sorgen dafür, daß zwischen den Geschlechtern dauerhaft immer noch die Perfidität des Andersgearteten schwebt. Wie langweilig wäre es, wenn nicht aus den kleinen männlichen Puppenmüttern die knackigen Schwulen von morgen erwüchsen, die sich nicht einen Deut fürs Weibliche interessieren würden. Und wie schrecklich wäre es, wenn nicht die Spielkasten-Baumeisterin in späteren Jahren zur erfolgreichen Architektin avancierte und der Männerwelt demonstrieren würde, »wie Frauen so was anzupacken wissen«.

Aus diesen Sonderfällen schöpfen dann die Apologetinnen der Gleichberechtigung ihre Verallgemeinerungen, um sie zu dogmatisieren und unters erwachsene Volk zu streuen.

Die »Montagsfehler« des lieben Gottes bewegen sich allerdings immer noch unterhalb der »Fünf-Prozent-Hürde«. Sie fallen also bei der generellen Beurteilung der Geschlechtersituation kaum ins Gewicht.

In der überwältigenden Mehrheit aber sind die zwei Geschlechter einander so ähnlich wie Apfel und Birne. Hier die Buben mit ihrem Entdecker-Drang. Da die Mädchen mit dem Erhaltungs-Trieb. Das sind Verhaltensunterschiede, die sich schon im Kindergarten herausbilden. In dieser Zeit haben die Jungs mit steigender Tendenz immer weniger Lust, sich mit den Puppenmüttern zu beschäftigen, wenngleich die Kindergärtnerin hartnäckig immer wieder eine Gemeinschaftsveranstaltung nach der anderen erfindet. Gemeinsames Singen mit Mädchen – wie schrecklich. Oder diese gruseligen Kindergeburtstage, zu denen man sogar neben den Mädchen sitzen muß! Es ist eine schlimme Pein für jeden kleinen Mann, daß diese Kindergärten durchsetzt sind mit »Weibern«. Nicht nur die Mitinsassinnen, nein – die Befehlshaber in diesen schlimmen Jahren sind ausnahmslos Tanten. So ein kleiner Junge sieht sich eingekreist von weiblicher Indoktrination. Mama zu Hause, die ihn ständig mit den unlogischen Handlungen mütterlicher Zuneigung zuschüttet. Im Kindergarten die »pädagogisch wertvolle« Hinführung zur harmonischen Lebenseinstellung durch junge Damen im Vor-Ehe-Alter mit der interpretationsbedürftigen Berufsbezeichnung »Erzieherin«. Nachmittags im Zweifelsfalle noch mal die Oma, die darauf achtet, »daß er nur keine Dummheiten mache«. Glücklicherweise kommt abends Papa nach Hause. Bewundernswürdig ist es, daß er es wieder geschafft hat, sich den ganzen Tag der Befehlsgewalt der Frauen zu entziehen. Recht schnell erfährt der kleine Junge eins: Arbeiten ist keine Pein, sondern die vergnügsame Chance, dem Einfluß der Frauen zu entfliehen. Doch bis dahin ist es wahrhaft noch ein weiter Weg. Zunächst einmal sitzt die Frauenwelt in der Legislative und versucht, dem Jungen weibliches Denken zu oktroyieren. Aber hier zeigt sich, daß sich die natürliche Entwicklung auch durch zäheste Einflußnahme nicht erschüttern läßt. Trotz des enormen weiblichen Macht-Potentials in der Frühphase der Kindheit gelingt es selten, männliche Verhaltensstrukturen nachhaltig zu verändern.

Bis zur Hormonproduktion ist die Kleine-Männer-Welt einigermaßen intakt und eine uneinnehmbare Festung für weibliche Anbiederungsversuche. Vierzehn herrliche Jahre sind es im Durchschnitt, die jeder Bube genießen darf. Man prügelt sich, gründet Banden, streift durch Wälder, baut Höhlen, raubt Nester aus, klaut Kartoffeln und brät sie am offenen Lagerfeuer, schwimmt mitten im Stadtgarten, bastelt aus alten Radios halbe Diskotheken, ärgert Lehrer und ist im Grunde seines Herzens ein durchaus zufriedener Mini-Mann. Sollte sich tatsächlich im Dunstkreis solcher Tätigkeiten mal ein Weiberrock zeigen, dann wird diesem der Eintritt in die Männerwelt in der Regel verwehrt. Einzige Ausnahmen bilden Situationen, wo die Fertigkeiten aus der Welt der Frauen durchaus verwertbar sind. So beim Sammeln von Brennholz für das Entzünden eines Lagerfeuers oder beim Ausfegen der im Wald gebauten Farnhütte.

Ansonsten bleibt es bei der pauschalen Einschätzung, daß alle Mädchen doof sind. Im Normalfall läßt sich ein echter Junge von dieser radikalen Einschätzung des weiblichen Geschlechts auch nicht abbringen. Denn die Absonderheiten im Verhalten eines Mädchens verunsichern ihn auf das höchste. Nichts erscheint ihm blöder als das ständige An- und Ausziehen von Baby-Nachbildun-

16

gen aus Plastik, die dann auch noch stundenlang in vierrädrigen Karren auf Kissen gebettet durch die Gegend geschoben werden. Ebenso idiotisch ist es, wenn die Mädchen zum Spielen weiße Strümpfe anziehen, von denen schließlich jeder weiß, daß diese binnen kurzem dreckig sind. Ganz aus dem Häuschen aber sind Jungens, wenn sie die Kostümiersucht kleiner Mädchen erleben. Warum in aller Welt muß man sich nur so unpraktisch verkleiden? Was ist logischer als derbe Jeans und zerlumpte Turnschuhe?

Es ist müßig, zu beschreiben, wie sich das Leben eines noch hormonfreien Bengels abspielt. Jedes Mädchen weiß, um wieviel Lichtjahre entfernt er auf einem anderem Stern lebt. Jede Erzieherin resigniert nach einiger Zeit, auch wenn sie in frühen Berufsjahren von dem Wunsch beseelt war, aus kleinen Rowdies liebe Buben zu machen. Und die Omas, die in der Regel den Kampf mit einem Manne verloren, ihn aber immerhin überlebt haben, versuchen erst gar nicht mehr, dem heranwachsenden Burschen weibliches Wesen aufzupfropfen.

So gesehen ist die Entwicklungsgeschichte eines Knaben zwar immer umschattet von weiblicher Infiltration, doch mit einem gewissen Maß an seelischer Abwehrkraft lassen sich diese Lebensjahre unbeschadet überstehen.

Im Grunde ist dies eine herrliche Zeit, völlig frei von irgendwelchen irrationalen Frustrationen, die sich aus der Beziehung zwischen den Geschlechtern ergeben. Gibt es mal Krach, haut man sich kräftig was vor die Fresse. Ist ein Doofmann im Freundeskreis, schmeißt man ihn raus. Und wenn man mit seinen Freunden Blutsbrüderschaft nach Art der nachahmenswerten Indianer geschlossen hat, dann hält die mindestens so lange, bis sich mit dem Beginn des Hormon-Zeitalters irgendein Weiberrock bei den Blutsbrüdern einschleicht.

Das Leben ist ein großes, freundliches Abenteuer. Wenn man nicht gerade Karriere als Bandenführer machen will und aus diesem Grunde ständig Prügel auszuteilen oder einzustecken hat, lebt man friedvoll und vergnügt in den Tag hinein. Jeden Tag gibt es was neues zu entdecken und zu bewältigen. Man schummelt in der

Schule, man bastelt an den Nachmittagen, man macht Entdekkungstouren durch die Region und stößt an immer neue Grenzen des Machbaren. Das Alter des jungen »Machers« steht in präziser Relation zu seinen Fertigkeiten, bis in die höchsten Gipfel der Bäume zu klettern. Da oben im Baum ist die Welt noch in Ordnung und vor allem – mädchenfrei!

Das Ganze könnte so schön sein, wenn man nicht eines Tages aufwachen würde, um festzustellen, daß man den kleinen Hahn unten nicht nur zum Pinkeln mit auf den Lebensweg bekommen hat. Die einzige Schwäche des männlichen Geschlechtes wird zur größten Herausforderung auf dem Lebensweg.

Also, kleiner Mann: Paß auf!

2
Das Ding mit dem Trieb

Die großen Probleme unseres Lebens haben oft einen unscheinbaren Startpunkt: Plötzlich wachst Du auf und es juckt rund um den kleinen Piephahn. Zwar hast Du schon mal gesehen, wie die großen Jungs aus der Schule im Schwimmbad gegenseitig ihre Piephähne bestaunt haben. Aber es hat Dich eigentlich nie besonders interessiert. Auch weißt Du, daß die Großen immer davon erzählen, daß sie heimlich Papas und Mamas Pornovideos aus deren Nachttischschublade geklaut haben. Und dann hast Du schon mal mitbekommen, daß die Großen im Schullandheim abends heimlich unter der Decke in die Hefte mit den nackten Frauen gaffen und sich dabei die Bettdecke für kurze Zeit rauf und runter bewegt.

Doch Du gehst lieber Schmetterlinge sammeln, um sie in Mutters Mikrowellenherd auf leichter Stufe zu trocknen. Aber, wie gesagt, an diesem Morgen ist alles anders. Da juckt es zum ersten Mal rund um den Piephahn, und bei näherem Hinsehen siehst Du ansatzweise dunkle Punkte heranwachsender Behaarung. Es stört Dich nicht. Denn auch über der Oberlippe hast Du den ersten Flaum des Bartwuchses festgestellt und hast Dir damit die Bewunderung Deiner Freunde gesichert.

Aber der Bartwuchs da unten geht einher mit Gefühlen, von denen Du nicht genau sagen kannst, ob sie angenehm oder unangenehm sind. Plötzlich erinnerst Du Dich an die Gespräche in der Schule über »Weiber«. Und da war doch die Sache mit dem Schuschu, der im Duschraum seinen Pimmel rhythmisch hin und her bewegt und Dir empfohlen hat, gleiches zu tun: »Tut gut«, meinte er dazu. Und da war die Sache mit Herbert im Sommerlager, der Dir immer zwischen die Beine greifen wollte.

Eh Du Dich versiehst, haben die Mädchenfotos, die Du gestern noch als doof bezeichnet hast, plötzlich in Deinem Leben einen ganz anderen Stellenwert bekommen. Und Du registrierst die Weiberröcke auf dem Schulhof, die Du noch nie bewußt wahrgenommen hast. Und dann stellst Du auch noch fest, daß sich einige Mädchen immer nach Dir umschauen und sich kurz danach kichernd irgendwas erzählen. Und Deine Lehrerin ist plötzlich nicht mehr eine ungeliebte Trulla, sondern zeichnet sich durch einen »Knackarsch« aus, wie die Jungs aus der letzten Klasse das sachkundig ausdrücken. Dir ist genau das gleiche passiert wie all den anderen Jungs, die keine Schmetterlinge mehr im Mikrowellenherd trocknen, sondern das neue Hobby Frauen entdeckt haben.

Du stellst fest, daß von den Mädchen eine Wirkung ausgeht, die Dir bisher fremd war. Plötzlich nimmst auch Du abends die Taschenlampe und die Illustrierte mit den halbnackten Mädchen mit ins Bett. Papa nimmt Dich jetzt zum Frühschoppen mit und erzählt Dir, daß man bestimmte Dinge im Leben anders sehen muß, als Du dies bisher getan hast. Woher weiß er nur, was in Dir vorgeht? Du hast Glück und einen Klasse-Papa. Der nimmt kein Blatt vor den Mund: »Steht der Schwanz, ist der Verstand im Eimer«. Aber auch: »Junge, wenn Du durchs Schwarze durch bist, ist alles gleich.« Papa sagt Dir, daß in Zukunft der Pimmel nicht nur zum Pinkeln da ist. Er mahnt zur Vorsicht. Er spricht von Befruchtung, Eisprung, Kondomen, Geschlechtskrankheiten und Pille. Er deckt Dich mit Begriffen zu, von denen er meint, daß Du sie noch nie gehört hättest, und dann kommt das Schlußwort: »Du bist vom lieben Gott dazu auserkoren, den Fortbestand der Menschheit zu sichern, indem Du bis ans Ende Deiner Tage den unzähmbaren Trieb verspürst, die Weiber zu bumsen, wann und wo immer sich die Gelegenheit bietet. Bei richtiger Ausübung wirst Du ein Ei befruchten, was Dich zum stolzen Vater von etwas macht, das Du gestern noch selbst warst: ein Kind!«

Hat Dich je einer gefragt, ob Du an dieser Reproduktionstätigkeit überhaupt Interesse hast? Nicht einer! Du mußt! Das meint die Kirche. Das erwartet der Staat von Dir. Das meinen vor allem die Frauen. Und ehe Du Dich versiehst, hängst Du drin in der Sache mit dem Trieb.

So ungefähr spielt sich der Eintritt des bis dahin triebfreien Knaben in sein persönliches Kopulationszeitalter ab. Und dieses Problem quält und erfreut den Mann normalerweise sein ganzes Leben lang. Ob es zum Fluch oder zum Segen wird – in diesen Gründertagen der persönlichen Sexualität steht das noch in den Sternen.

Immerhin wird sich das Leben erheblich verändern. Denn Statistiken lügen nicht: Im Durchschnitt wird der Knabe mit seiner frischentdeckten Sexualität 1,3 Kinder zeugen. Und die Chance, daß der frischgebackene Lüstling mehr als ein Weib in seinem zukünftigen Dasein begatten wird, liegt immerhin bei 2:3.

Leider hat der Junghengst in den Tagen der erwachenden Triebhaftigkeit nur wenig Möglichkeit, sein Verhalten zu kontrollieren. Im Kopf ist eine Sicherung durchgebrannt. »Du bist jetzt schwanzgesteuert«, ist der einzige Kommentar seines progressiven Vaters, der den Leidensweg des jungen Triebtäters ja selbst einmal am eigenen Leibe erlebt hat.

In den Folgejahren des Männer-Daseins fängt das ganze Theater erst richtig an. Bei dem einen ist es stärker, bei dem anderen schwächer ausgeprägt. Dabei ist festzustellen, daß der Trieb in starker Abhängigkeit zur allgemeinen Dynamik steht. Die Knaben, die schon in der vorhormonalen Epoche lieber vor der Glotze als im Baumwipfel gesessen haben, zeigen in der Schwanzsteuerungs-Phase auch eher bescheidene Triebbefriedigungs-Qualitäten. Schlecht dran sind die puppenspielenden Knaben, die anfangs große Schwierigkeiten haben, ihren gleichgeschlechtlichen Trieb zu begreifen und zu befriedigen. Erfahrungsreiche Schwule haben allerdings für diese irritierten, orientierungslosen Homos den richtigen Blick und führen sie in die Weihen der Homosexualität ein. Denn bei ihren normalen Altersgenossen kriegen die Jungs vom »anderen Ufer was auf die Mütze gehauen«, um im Jargon der Generation zu bleiben.

Nun, der Jüngling steht ständig unter Strom. Das ändert sich eigentlich auch im restlichen Leben nicht mehr allzusehr, wenngleich sich die Triebhaftigkeit mit steigendem Alter auch eher auf verbaler Ebene äußert. Bis etwa Mitte Vierzig – und das sind rund 30 Jahre des Lebens vom Beginn der sogenannten Pubertät an – wird er jedoch etwa alle zwölf Minuten, wie irgendwelche klugen Leute errechnet haben, vom Sexualtrieb befallen. Das heißt, wo er geht und steht, sieht er im weiblichen Geschlecht nur das Sexualobjekt. Man kann diesen Zwang nur göttlich auferlegte Sinnerfüllung nennen. Denn warum in aller Welt, konnte der junge freundliche Mensch nicht jungenhaft-freundlich bleiben?

Von solcher Weitsicht ist der junge Kerl natürlich weit entfernt. Mit der Vitalität eines Hahnes durchstreift er den Hennenhof, um willige Hühner zu finden. Zweimal morgens – zweimal abends ist in diesem Embryonalzustand der jugendlichen Sexualität sozusagen Mittelwert. Dabei geht's ums Prinzip und nicht um die ausgefeilte Technik. Und wenn die Situation rund um den jungen Mann ungünstig ist, seiner Pflicht Genüge zu leisten, hilft ihm Fräulein Faust bei der Reduzierung des Überdrucks... In dieser Umbruchphase des Lebens lernt der Jüngling auch die ersten Ungereimtheiten in der Beziehung zum weiblichen Geschlecht kennen. Ohne den nunmehr zwanghaften Sexualtrieb würde er auf dem Absatz kehrtmachen und sich wieder seinesgleichen widmen. Ausgestattet jedoch mit dem Trieb hat er bedauerlicherweise keine Alternative. Will er zum Höhepunkt gelangen, muß er das ganze Drumherum in Kauf nehmen. Das Leben wird extrem widersprüchlich. Bestes Beispiel ist die eigene Mutter: Die ist in der Regel entsetzt, daß der Junge es mit Mädchen treibt. Immer wieder muß er sich sagen lassen, er möge nicht so spät nach Hause kommen. Obwohl Mutter doch eigentlich wissen müßte, daß Trieb und Dunkelheit in einem kausalen Zusammenhang stehen. Vater ist da viel praktischer veranlagt: »Paß bloß auf, daß Du nicht Vater wirst«, ist sein üblicher Kommentar. Er zeugt vom Pragmatismus der Männerwelt. Von

Oma hört man nichts mehr. Entweder ist sie schon tot oder jenseits von Gut und Böse. Die Erzieherin aus Kinderjahren ist auch nicht mehr vorhanden. Entweder ist es ihr gelungen, sich einen Mann zu schnappen und mittels mehrerer Kinder ihr Dasein zu fristen. Oder sie darbt als frustrierte Jungfer unbegattet in irgendeiner Amtsstube und propagiert den Emanzipationsgedanken.

Viel schlimmer sind die kleinen Hexen, die der Junge fast fünfzehn Jahre lang nicht einmal mit dem Hintern angesehen hat: sie haben zwischenzeitlich Hüften bekommen (bei den Jungs »Kiste« genannt), haben an Oberweite erheblich zugenommen (was man drastisch, aber achtungsvoll als »Titten« bezeichnet) und haben einen entenähnlichen Gang entwickelt (was durch die Sexualbrille als »geil« gesehen wird). Während sie früher von der Knabenwelt gemieden wurden wie die Pest, stehen sie plötzlich im Mittelpunkt männlicher Begierde. Von ihren Müttern wurden sie allerdings auf diesen Augenblick lange genug vorbereitet. In vielen geheimen Gesprächen haben Mütter schon in die Trickkiste weiblicher Taktik gegriffen und alte Lebensweisheiten wie Perlen auf eine Schnur aufgereiht. Da heißt es dann, »daß Männer sowieso immer nur das eine wollen«. Da wird die Mär weitergegeben, daß man sich einen »guten Mann« suchen soll, wie auch immer der auszusehen hat. Auch die »ideale Partie« wird immer wieder beschworen, wenngleich die Mütter in dieser Frage bei ihren Töchtern offene Türen einrennen. Denn da Jungfrauen genetisch so programmiert sind, daß sie in der Regel immer den Weg des geringsten Widerstandes gehen, haben sie einen Instinkt dafür, wer aus der Schar der Rammler eine saturierte Zukunft verspricht.

Doch bevor diese Auswahl betrieben wird, kommt die große Zeit der Abrechnung. Die jahrelange Ignoranz muß bestraft werden. »Jetzt sind wir dran«, ist der unausgesprochene Schlachtruf der Mädchen in dieser Zeit. Die pubertäre Begierde verläuft in mehreren Phasen und orientiert sich ganz eindeutig an dem Prinzip von Angebot und Nachfrage. Weil der unkontrollierte Rammeldrang weder hübsch noch häßlich kennt und sich zunächst auf Mädchen gleicher Altersstufen konzentriert, haben dabei alle die gleichen

Chancen. Nur suchen die Mädchen von vorneherein eine mono game Dauerbeziehung und die Jungs – geprägt vom 12-Minuten-Takt – eine polygame Dauerbeschäftigung.

Also, jedes Mädchen hat zunächst die gleichen Chancen. Selbst das häßlichste Mauerblümchen macht hier die ersten Erfahrungen mit der Liebe. Dabei ist die weibliche Hingabe in verschiedene Etappen gegliedert, die peinlich genau eingehalten werden. Weil das Ritual so wichtig ist für das weitere Mannesleben, sei es an dieser Stelle einmal anschaulich dargestellt:

Sie spricht mit Dir! Im Ernst. Allein die Tatsache, daß sie eine Antwort gibt, ist schon ein Lichtblick. Bei genügender Beharrlichkeit ist der sexuelle Kontakt nicht auszuschließen. Es ist nur eine Zeitfrage.

Sie geht mit zum Eisessen! Ganz nett, aber bedeutungslos. Da sie nie bezahlen wird, sondern dies völlig selbstverständlich von Dir fordert (hat sie bei Mama gelernt), ist daraus nicht sicher zu schließen, ob es ein Sympathiebeweis ist oder nur eine Nutzung Deiner finanziellen Ressourcen.

Sie geht mit Dir ins Kino! Das ist ein beachtlicher Erfolg, der aber für den Jüngling auch zwiefach interpretiert werden kann. Entweder hat die Umworbene ihn als so trottelig eingestuft, daß sie ihm keine schlimmen Absichten zutraut. Oder sie hofft tatsächlich darauf, daß er die Dunkelheit des Kinos zu ersten körperlichen Annäherungsversuchen nutzt.

Du darfst sie knutschen! Wenn Du meinst, jetzt seist Du kurz vor dem Ziel, so kannst Du Dich irren. Knutschen ist die »lange Leine«, an der Du jetzt geführt wirst. Aber die Chancen stehen gut: »Knutschen« ist die Einstiegsdroge. Ein guter Bock wird nun alles dran setzen, um möglichst blitzartig zum »goldenen Schuß« zu kommen. Denn diese Küsserei bringt im Prinzip wenig, besonders dann, wenn sie noch in einer sorgsam dosierten Abstufung verläuft. Denn zwischen den zusammengepreßten Lippen und dem gefällig geöffneten Mund liegen immerhin noch Welten von Zuneigung. Das Nonplusultra ist der Zungenkuß mit gespielter oder echter Leidenschaft. Aber auch hier muß noch nicht der Anfang vom

Ende erreicht sein. Bis zur Erfüllung kann sie noch eine lange Durststrecke eingeplant haben! Bis man in den Schoß der Glückseligkeit versinken darf, sind erst noch die wahren Probleme zu bewältigen. Jetzt ist erst einmal der Tastsinn gefordert. *Du faßt ihr an die Brust!* Nicht so schnell! Wer zu schnell fummelt, disqualifiziert sich und wird nie zum Endziel gelangen. Eine Pein, dieses Hinauszögern. Aber der Zweck heiligt die Mittel. Wenn es Dir gelingt, bis an eine Brustwarze vorzudringen, kannst Du Dir stolz auf die Schulter klopfen. Dann ist meist auch der Griff ins andere Körbchen kein Problem mehr. Wenn es Dir dann noch gelingt, den Schnappverschluß des BHs zu öffnen und Du die Dinger freischaukelnd befummeln darfst, ist das schon der halbe Orgasmus. Das törnt den jungen Mann enorm an, wobei den meisten eine ordentliche Handvoll Fettgewebe die größte Befriedigung verschafft. (Es soll aber auch eine Minderheit geben, die kleine knospenhafte Hügel präferieren.) Der nun folgende Walkvorgang weiblicher Rippenverschönerer gehört zu den schönsten Augenblicken im Jünglings-Dasein. Er macht immer wieder Freude! Beim Erfahrungsaustausch mit Freunden gehört daher dann auch die obligate Frage: »Warst Du ihr auch an der Brust?« zur Standard-Orientierung über die Qualifikation des Sexual-Anfängers. Der Busen bleibt in der Regel zunächst einmal das Hauptarbeitsgebiet. Die persönliche Befriedigung ist dem Abend unter der Bettdecke vorbehalten. Doch Männer wären nicht richtige Männer, wenn sie nicht nach Tieferem streben würden. Ein harter Job! Denn nur Handbreit für Handbreit gibt die Jungfrau für weitere Aktivitäten Hautfläche frei.

Du darfst zwischen die Beine! Alles, was über dem Bauchnabel liegt, ist im Grunde noch relativ leicht zu erobern. Bei den Regionen darunter wird's schwerer. Das kleine kräuselige Dreieck, eine Handbreit vom Hintern entfernt, wird verteidigt wie der Goldschatz von Fort Knox. Diese Tabuzone zu erobern ist das genetisch vorprogrammierte Ziel aller Anstrengungen der Männerwelt. Darum arbeitet sich der junge Eroberer mit wildester Entschlossenheit weiter vor. Zentimeter für Zentimeter muß er oft mühsam bewältigen, bis seine Fingerkuppen endlich den Haaransatz erreicht haben. Nun gibt es kein Halten mehr! Dieser Feldzug muß gewonnen werden, koste es, was es wolle. Das Herz klopft, die Hose spannt, sämtliche Sicherungen im Großhirn sind durchgebrannt. Nur noch das innere Notstromaggregat hält den Knaben zwischen Lust und Leid am Leben. Wer am Haaransatz ist, das lernt man schnell, der hat meist gewonnen. Da müßte es schon mit dem Teufel zugehen, wenn der geschlechtliche Zweikampf nicht mit einer ordentlichen Stecherei enden sollte. Da so was im Kino schlecht möglich ist, wird die Siegesfeier auf später verschoben. Dafür braucht man dann doch eine gewisse Intimität und Bequemlichkeit.

Du darfst ihn reinstecken! Gott sei Dank braucht der unter seinem Trieb leidende junge Mann diesen ganzen mühevollen Kraftakt nicht jedesmal von neuem zu absolvieren. Die gewonnenen Zentimeter Hautfläche braucht man nicht mehr mühevoll zu erobern, sondern darf in der Regel dort ansetzen, wo man beim letzten Mal aufgehört hat. Einzige Voraussetzung: Man ist nett und tut alles, um der Jungfrau das Gefühl zu geben, endlich den Mann fürs Leben gefunden zu haben. Eine gewisse Abkürzung des Verfahrens ist zu empfehlen, indem der Jüngling die Hand der Jungfrau an seinen mehr als gespannten Hosenschlitz führt. Übernimmt sie dann eine aktive Rolle im Spiel der Lust, steht dem Koitus nichts mehr im Wege. Aber das gelingt nicht immer. In jungfräulichen Jahren fehlt den Mädchen meist noch der Sinn fürs Praktische. Da wird dem Jungen für seinen Lustgewinn Aktivität bis ins letzte Detail abverlangt. Da die Frauen mit ihrer Sexualität erst relativ spät umzugehen verstehen, ist es gefälligst die Aufgabe des Mitarbeiters, sich um den Arbeitsrhythmus zu sorgen. Der Akt selbst ist in der Regel schnell vollzogen. Nicht die Länge macht's. Besonders in den ersten Übungsstunden in Sachen Sexualität geht es dem Jüngling keineswegs darum, die Frau fürs Leben zu finden, sondern die Strichliste um einen weiteren Eintrag zu bereichern. Während die junge Lustspenderin beim schneller werdenden Rhythmus ihres schweißgenäßten Partners vielleicht schon von trauter

Zweisamkeit träumt, schaltet sich bei ihm im Moment der Ejakulation das Zählwerk ein: Geschafft, umgelegt, Trieb befriedigt, Ziel erreicht! Das nachfolgende Beisammensein zielt zunächst mal darauf, eine zwingend notwendige körperliche Revitalisierung zu erreichen. Denn die funktionelle Betätigung ist ja über Strecken rechtschaffen anstrengend. Andererseits weiß der gewiefte Knabe schon recht bald, daß diese Form der Höflichkeit angebracht ist, wenn er sich nicht die Chance verbauen will, bei Gelegenheit mal wiederkehren zu dürfen. Denn eins ist Männerweisheit und sollte immer angestrebt werden: »Wo Du einmal warst, kannst du immer wieder hingehen.« Die andere Weisheit: »Du mußt nur beharrlich genug sein, dann legst Du jede um!« Nun ist es aber nicht so, als würde man die Mädchen auf Dauer für dumm verkaufen können. Wahrhaftig nicht. Natürlich lernen auch sie im Kampf der Geschlechter dazu: »Mama hat recht: Die Männer wollen immer nur das eine.« Aber auch: »Je länger Du einen Mann zappeln läßt, desto mehr kannst Du von ihm haben.«

Diese Art von Spiel wiederholt sich bei Jüngling und Jungfrau einige dutzendmale. Wenn es dabei nach dem Willen der heranwachsenden Männer ginge, könnte das bis ans Lebensende so weiter gehen. Da der junge Mann ein belastbares Wesen ist, hat er sich zwischenzeitlich an den Zustand kontinuierlicher Sexualität gewöhnt. Und es gibt kaum einen, der nicht Spaß gewonnen hätte am neuentdeckten Hobby der Triebbefriedigung. Es ist in der Tat immer wieder eindrucksvoll, wenn das Ding zu vibrieren beginnt, das Herz klopft und Blutleere im Kopf eintritt, wenn der Zeitpunkt der Ejakulation näherrückt.

Damit könnte man durchaus leben. Nur leider sehen die Frauen das wiederum ganz anders.

Sie werden von völlig anderen Gedanken beherrscht und begreifen recht schnell, daß ihnen der liebe Gott mit dem »Ding da unten« so eine Art Fernbedienung mit auf den Weg gegeben hat, mit der sie junge Böcke je nach Lust und Laune steuern können. Oben sind die beiden Antennen, die die Signale aussenden und unten ist die Mechanik, mit der man die Männer zu Marionetten macht.

Versehentlich hat der liebe Gott vergessen, das weibliche Geschlecht mit jener unbefangenen Freude am Sex auszustatten, wie sie bei den Männern die Regel ist. Die Frau ist in ihrem Wesen viel zu bequem, um sich einem solchen körperlich anstrengenden Dauertrieb hinzugeben. Der Gedanke, alle 12 Minuten Sex machen zu müssen, ist ihr in hohem Maße zuwider!

Schon die Intensität der körperlichen Betätigung läßt sie gruseln. Irgendwie ist Sex doch mit Arbeit verbunden. Nun sind Frauen ja erstklassig im Kombinieren von Sachverhalten, die einer Optimierung des bequemen Daseins dienen. Da sie wissen, wie bewußtseinstrübend ihre erogenen Zonen auf Männer wirken, wären sie ja auch beknackt, würden sie dieses Machtinstrument nicht nutzen, um anständig Kapital daraus zu schlagen.

Der wichtigste Nutzen ist, zunächst einmal in der Masse den einen zu finden, der sein ganzes Leben lang möglichst verwirrt bleibt angesichts der kleinen Kräuselwiese. Denn der Service, den ein Mann seiner Dame zu leisten bereit ist, steht in direktem Verhältnis zu seiner Hörigkeit. Er holt sie ab, bringt sie nach Hause, macht ihr den Hof, er bezahlt das Eis, die Disco, die Kinokarten. Was da vierzehn Tage lang gut funktioniert, das muß doch ein ganzes Leben klappen? Beispiele dafür, daß es funktioniert, gibt es genug: Mama hat's auch so gemacht: Sitzt zu Hause, häkelt Pullover, sieht fern und läßt den lieben Gott einen guten Mann sein.

Je abhängiger der Döskopp ist, um so sicherer und langfristiger läßt sich mit ihm disponieren. Ist er kräftig, schickt man ihn auf den Bau. Hat er was im Kopf, soll er ins Büro. Und alles nach dem Modell des vermeintlich friedlichen Elternhauses, wo Mama täglich beweist, daß diese Form der Ausbeutung bestens funktioniert.

Diese logische Schlußfolgerung hat leider einen kleinen Schönheitsfehler. Der männliche Trieb beschränkt sich nicht auf die Monokultur einer einzigen Vagina. Sondern er ist auf Serie fixiert! Am liebsten möchte jeder Mann siebenmal in der Woche an sieben verschiedenen Miezen herumhantieren.

Spätestens nach drei Monaten verlischt beim einigermaßen normalen Mann die Lust an der monogamen Rammelei und sein Blick schweift beutesuchend über Schulhof oder Schwimmbadwiese. Sofort ertönt beim Mädchen, das sich schon einigermaßen versorgt sah, ein Warnsignal. Nach der ersten Pleite legt sich die Verblüffung jedoch schnell. Das Resultat dieser ärgerlichen Erfahrung ist eine neue cleverere Strategie: 1. Halte ihn fern von anderen Mädchen. 2. Binde ihn an Dich unter Einsatz aller Mittel. Denn das oberste Ziel der bequemen Versorgung verliert die junge Dame mit Sicherheit nie aus den Augen.

Mit der veränderten Strategie kommen die neuen Mechanismen im Vorsorgeplan zur Wirkung. Schließlich wird man nicht dümmer. Zunächst einmal wird die Dekoration verbessert. Der Busen wird, groß oder klein, dramatisch in Szene gesetzt. Ist er einigermaßen straff, läßt man ihn unter dünnem Tuch lustvoll schaukeln. Hängt er durch, hat die Textilindustrie ganze Regalwände voller Accessoires zu bieten, die ihm zu mehr Bedeutung verhelfen.

Dann das Gesicht: An jeder Ecke gibt's Spachtelmasse zu kaufen, mit der man die Augenpartie katzenhaft vergrößert, den Schmollmund signalfarben pinselt, der Haut ein gesundes Rosé vermittelt. Auch der Po gehört zu den Requisiten, wenn es darum geht, einen Mann zu angeln: Er wird durch hautenge Jeans zweckentfremdet und zum wahren Lustgebirge hochstilisiert. Selbst die Zehennägel sind noch blutig rot lackiert, wirkungsvolle Waffen. Ergebnis: Der Kniestrumpf-Teenager ist binnen weniger Jahre zum Vamp geworden.

Und man staune: Der Knabe, der in jungen Jahren ziellos seinen Lümmel irgendwo reinstecken wollte, differenziert nun und selektiert nach »schön« und »häßlich«. Die richtige Dekoration erweist sich als prima Instrument, um die Aufmerksamkeit von Männern zu fesseln. Selbst wenn der Inhalt später nicht hält, was die Verpackung verspricht, als Fangvorrichtung ist sie idiotensicher.

An diesem Punkt der Entwicklung spaltet sich das Mädchenlager, das bis dahin von einer gewissen Solidarität bestimmt war. Für die, die da geschmacklich oder optisch nicht mehr mithalten können, beginnen erhebliche Schwierigkeiten, den Mann fürs ausgesorgte Leben zu finden. Auch daß es immer mehr Mädchen als Jungen gibt, verstärkt die Wettbewerbs-Situation bei der Jagd nach dem Versorger.

Das große Jagen ist jetzt voll im Gange. Nur leider gehen die Geschlechter mit völlig unterschiedlichen Zielen auf die Pirsch: Während die potenten Burschen ihren Sexualappetit stillen wollen, möchten die sattligen Girls stabile Verhältnisse schaffen.

Ihnen ist der Gedanke zuwider, nach Lehre und Studium tatsächlich im erlernten Beruf tätig werden zu müssen. Und die Zeit frißt sich nur so ins Frauenleben. Nicht zu wissen, ob man einen mitbekommt, oder ob man für sich alleine sorgen muß, führt zu einer ständigen Hetze. Aber Hetze macht häßlich ... Und häßliche Frauen werden partout nicht geheiratet.

Als Frau bleibt einem nichts erspart: Tag für Tag heißt es erneut, sich aufzudonnern, Stunden, die man bequem mit der Freundin nett verplaudern könnte, die aber aufgewendet werden müssen, um in den Ring treten zu können. Und dann die Frustration, wenn man wieder mal eine Nacht mit einem dieser bornierten Böcke verbracht hat und es nicht gelungen ist, den Jungen dauerhaft an die Kette zu legen.

Es sind ziemlich harte Jahre, die junge Mädchen durchmachen. Die, die schön sind, haben relativ schnell die Augen und das Interesse eines Versorgers auf sich gelenkt. Aber die Aschenputtel der Szene tun sich schwer. Und manche resigniert, nachdem sie zum zwanzigsten Mal Geschlechtsverkehr hatte und nicht in den Genuß des ersehnten Trauscheins gekommen ist. Die stürzen sich dann voller Inbrunst ins Studium, machen den Doktor und bekriegen zukünftig die Männerwelt.

Der Lauf des Schicksals ist in den meisten Fällen gleich: Früher oder später gelingt es einem aufgeputzen Püppchen, einen passenden Anwärter für längere Zeit ins Bett zu zerren. Vielleicht hat sie einen Trick angewandt, der in solchen Fällen angebracht ist: Man muß nur lange genug eine gewisse sexuelle Signalwirkung ausüben, die den Mann blind macht für die Verführungskünste der anderen Mitbewerberinnen am Markt. Dazu gehört vor allem die sexuelle Ausstrahlung: Die meisten Jungs haben ein Faible für einen strammen Busen. Es muß kein Hochgebirge sein, aber immerhin etwas mehr als eine Handvoll. Ist ein solcher vorhanden, ist der Kampf um die dauerhafte Gunst leichter zu gewinnen als ohne diese herausragende Eigenschaft. Ähnlich verhält es sich mit Hüften, Hintern, Schenkel, Waden.

Beim Geschlechtsakt selbst gibt es für einen gewissen Zeitraum Steigerungsstufen, die gezielt eingesetzt werden können. So wird die kluge Frau zunächst einmal die als Missionarsstellung bekannte Position einnehmen, die im Prinzip auch die bequemste ist. Bei einer langandauernden Bindung allerdings bemüht sich jede Frau, die Sache durch phantasievolle Varianten zu beleben. Aus dem eigenen Rängen wird die Nachwuchs-Damenriege immer mit den heißesten Tips, wie man mit welcher Stellung die Lust des Mannes am besten aktivieren kann, versorgt. So wird die Routinierte nach einer Woche dem Partner einen tieferen Einblick in den Genitalbereich gewähren. Wohldosiert kann einige Wochen später die Handarbeit durch »Mund-Propaganda« ersetzt werden. (Ein Beweis tiefer Zuneigung!) Bei taktisch geschickter Zeitplanung (mittwochs tanzen und ein Quicky, samstags mit steigender Frequenz eine solide Orgie) hat die sensible Sexualpraktikantin für runde acht bis zehn Wochen Munition im Rohr, um ihren anvisierten Partner fürs Leben Woche für Woche mit Liebesvarianten zu überraschen.

Da Rammeln allerdings nur ein Teil, wenn auch der wichtigste der Eroberungsstrategie ist, wird der Auserwählte geschickt eingebunden in das kommunikative Miteinander mit neuen oder alten Freunden. Er wird in die Clique integriert. Die Clique ist ein sicherer Hort, wo die junge Eroberin ihren Schatz bestens verwahren kann. In der Clique herrscht konsequent das Prinzip der Zweisamkeit. Die Mädels haben sich untereinander schon längst ausgelotet und sind sich einigermaßen sicher, daß Neueroberungen gegenseitig respektiert werden. Die Jungs machen in dieser Zeit gute Miene zum bösen Spiel, weil sie nur dem Rammeltrieb gehorchen wollen und sich nicht im entferntesten vorstellen können, bereits mehr und mehr im Spinnennetz zu zappeln. Der Gedanke an den lustvollen Spermaschuß, den sie in Kürze abschießen werden, lähmt bei Parties ihr natürliches Mißtrauen.

Auf diese Weise verlagern die Häscherinnen zunächst einmal die Beziehung aus der gefahrvollen Kneipe in das ungefährlichere Terrain der Clique. Selbst wenn es dort einmal passiert, daß eines der anderen Mädchen ausflippt und einer anderen den Jungen ausspannt, dann bleibt schließlich der übrig, den sie selbst mit in die Clique gebracht hat – und der ist im Zweifelsfall als Ernährer auch ganz gut brauchbar. Es geht ja nicht unbedingt um Zuneigung, sondern in erster Linie um die bereits erwähnte kostenfreie Lebensversicherung.

Das Ende des lustvollen Jugendtreibens ist spätestens dann erreicht, wenn zwei Paare aus der Clique gemeinsam in den Urlaub fahren. Nach etwa zehn Wochen ist das meistens der Fall, weil entweder ein Oster-, ein Sommer-, ein Herbst- oder ein Winter-Urlaub ansteht. Diese Reise wird von den Mädchen gebucht und von den Jungen bezahlt. Die beiden merken gar nicht, daß damit der Beginn des vorehelichen Verhältnisses eingeläutet ist. Indem er die Reise bezahlt, gewöhnt er sich früh an das Versorger-Prinzip. Durch die Zahlung steht ihm allerdings auch das Recht zu, den Drang nach Sex bei seiner Freundin unlimitiert abreagieren zu dürfen. Im gemeinsamen Bungalow kommt man sich dann auch erheblich näher: Es entsteht eine familiäre Intimität und – vor allen Dingen – ein Gewöhnungsprozeß. Wenn die ersten Fotos geschossen sind und der Diaabend für die Zeit nach dem Urlaub fest terminiert ist, ist alles gelaufen. Der junge Hengst beginnt wie ein Wallach den Trott durch sein weiteres Leben.

Natürlich will er sich befreien, sagt ihm doch sein gesunder Menschenverstand, daß es sehr viel mehr Mädels gibt, die auf eine Begattung durch ihn warten. Aber halt: Jetzt gibt's nicht mehr Zuckerbrot, jetzt kommt die Peitsche! Die junge Frau, dem langersehnten Trauschein so nah wie noch nie, wechselt die Strategie. Sie attackiert das Opfer mit Eifersuchtsdramen ohnegleichen. Und das Bemerkenswerte ist: Der arme Junge wird tatsächlich in den meisten Fällen von Moralvorstellungen und Schuldkomplexen geplagt und gehorcht aufs Wort. Ist dieser Punkt erreicht, geht's rasend schnell. Jetzt muß der Trauschein her, koste es, was es wolle.

Dabei erhält sie Schützenhilfe von zwei Seiten: Die Mutter des Jungen, schon immer empört über dessen Lotterleben, wird alles dran setzen, die Ehe zu unterstützen. Und die zukünftige Schwiegermutter weiß aus eigener Erfahrung, wie wichtig so ein Trauschein ist und sorgt auf der Gegenseite für den notwendigen Druck.

Wo ist denn Papa geblieben? Der hält sich raus. Denn er weiß ganz genau, wie schwer es ist, sich auf Dauer gegen diese Allianz durchzusetzen. Andererseits weiß Papa aber auch ganz genau, daß so eine Ehe erstens kündbar und zweitens eine echt bequeme Art ist, der Lust auf andere Weise zu frönen, und ökonomisch gesehen ist die Ehe auch nicht teurer als die freischaffende Triebbefriedigung. Also sei's drum!

Dennoch: Eine gewisse Wehmut bleibt. Wo sind die Jugendtage geblieben? Was hilft es, daß ich die Mädchen immer noch doof finde? Das ganze Leben würde anders verlaufen, wenn dieser verflixte Sexualtrieb nicht wäre. Der nachdenkliche Mensch kommt sich vor, als wäre er ein Sandkorn in der Eieruhr. Je mehr die Zeit abläuft, um so schneller gerät der Sand in Bewegung, bis auch das letzte Körnchen durch den Schlitz fällt: Und dann beginnt ein neues Leben. Gegen den Trieb anzukämpfen, funktioniert nicht. Früher oder später landet man unweigerlich in der ersten festen Zweierkiste.

3
Wie aus bunten Schmetterlingen unscheinbare Motten werden

Mit dem Stempel unterm Trauschein gehen zunächst im Leben eines Mannes die Lampen aus. Kein Licht im Tunnel. Schluß. Ende. Aus. Plötzlich entwickelt sich alles in einer quälenden Langeweile. Da 80 Prozent aller Frauen ihren Lebenssinn in der lebenslangen Bequemlichkeit sehen, spielt sich wirklich nicht mehr viel ab.

Nun wäre der Mann nicht Mann, wenn er sich seinem Schicksal so kampflos ergeben würde. Schließlich muß man im Leben aus jeder Situation das beste machen. Damals, im Kindergarten, ist er den kleinen Biestern aus dem Weg gegangen, hat sie einfach geschnitten. Das kann er so nicht mehr. Aber es gibt andere Mittel und Wege, der Langeweile des Ehe-Alltags zu entgehen.

In den ersten Nach-Ehe-Monaten kommen ihm in der Regel zunächst echte Zweifel an der eigenen Intelligenz. »Was war ich doch bescheuert«, geht es ihm durch den Kopf. Ab und an trifft er seine alte »Nagel-Truppe« wieder. Nicht mehr in vollständiger Besetzung, denn einige der Typen sind auch durch die Eieruhr gerutscht. Einige sind aber noch voll im Rennen. So zieht es ihn stets zu den Kumpels zurück, die ihm in alter Frische erzählen, mit wem und wie sie am letzten Wochenende rumgemacht haben. Nicht verlernt hat er bei diesen Gesprächen die beliebte Vulgärsprache: »Sie bläst gut« oder »Sie hat 'nen schönen Arsch« sind verbale Signale, die ihn in nostalgische Schwingungen versetzen. Manchmal hat es den Anschein, als wenn der frischgebackene Ehemann nur ein wenig in der Warteschleife fliegt, bevor er mit neuer Power durchstartet. Gleichzeitig stellt er bestürzt fest, daß er mehr und mehr die Freude am einst so lustvollen Spiel mit dem Eheweibe verliert. Wo ist nur die Aufregung geblieben, die ihn früher beim Anblick ihrer halbnackten Möpse ergriff? Wo bleibt die Blutleere im Gehirn, wenn sie ihn wie in der Brunftzeit mit gutturalem Kichern paarungswillig begrüßt?

Wenn er jetzt nach Hause kommt, empfängt ihn in aller Regel eine Mutter, die er so nicht in Erinnerung hat. Zunächst einmal hat sich der Gang geändert. Mein Gott, was ging einem das unter die Vorhaut, wenn sie auf ihren hochhackigen Schuhen in die Disco geschneit kam und mit ihren Metall-Pfennigabsätzen ein geradezu erotisch klingendes Klick-Klack auf dem Steinfußboden produzierte. Da drehten sich ganze Männerschaften an der Theke nach ihr um, da spielte sich in den Köpfen der Kerle eine geistige Orgie nach der anderen ab. Die Hochhackigen sind passe, die Slipper haben sie ersetzt und das früher so stattliche Weib glatte zehn Zentimeter kleiner werden lassen.

Was ist eigentlich aus den drallen Dingern in der Bluse geworden, die einem ständig signalisierten:»Junge faß zu, die warten auf Dich!« Da wäre man damals am liebsten vor Wonne dazwischengekrochen und hätte sich links und rechts festgenuckelt. Heute sind die Titten nur noch anatomische Fakten. Eine Mehrfachbeschichtung aus Hemdchen, Blüschen und warmem Wollpullover sorgt dafür, daß sie möglichst luftdicht und uneinsehbar abgeschirmt sind.

Aber das ist noch lange nicht die ganze deprimierende Bilanz: Hatte sie früher nicht blonde Haare? So ganz duftig gelockt? Auf hundert Meter war sie damit in jeder Menschenmenge ausfindig zu machen. Geblieben ist ein blasses Braun, ein bißchen fettig. Dazu Einheitsschnitt: Scheitel, wie mit der Axt gezogen, im Nacken kurz, vorne spitz zulaufend!

35

Der Schmollmund ist weg. Die Achselbehaarung wuchert. Dem damals so faszinierenden Kräuseldreieck merkt man an, daß es hauptsächlich einer anderen Funktion gewidmet ist. Die grellen Sommerfummel, mit denen sie damals im ersten Urlaub Mallorca erigiert hat, liegen schon längst in der Altkleidersammlung.

Diese Veränderungen allein sind es noch nicht, die die Enttäuschung ausmachen. Angesichts dieser abgeblätterten Fassade werden die »bautechnischen Mängel« so offensichtlich: War das Doppelkinn damals schon vorhanden oder hat es sich erst in jüngster Zeit entwickelt? Waren die Oberschenkel schon früher marmoriert oder habe ich die Furchen gezogen? Hat sich der Busen von selbst nach unten verschoben oder habe ich mich zu lange daran festgehalten? Solche Fragen quälen den jungen Gatten pausenlos. Die meisten befällt in dieser Zeit ganz echt das Gefühl, vom Leben verarscht worden zu sein.

Nun könnte man mit der optischen Enttäuschung leben, wenn man im Gegenzug eine friedfertige Partnerin gewonnen hätte. Aber vertan: Das charmante Etwas, das einem mit Charme und Sachverstand in allen Lebensfragen zur Seite stand, auch das gibt es nicht mehr! Es hat sich aufgelöst, in ein unpersönliches Nichts verwandelt.

Wie in einem Traum erinnert er sich an die gurrenden Telefonate, während derer sie ihm zur späten Abendstund' ihre Liebe gestand. Oh, und all die kleinen telefonischen Obszönitäten, die man gegenseitig austauschte in den Gründertagen der Beziehung. Alles vorbei. Alles aus.

Heute schlägt sie andere Töne an, wenn er abends nach Hause kommt: »Wo bleibst du so lange?« heißt es jetzt, wenn er noch im Stau steckengeblieben ist. Und zum Biersaufen in der Eckkneipe muß man sich geradewegs freibetteln. Die Auseinandersetzung ist langweilig bis rüde. Auch die Träume von einer beruflichen Karriere, die sie damals hatte, und die ihn so beeindruckten, haben sich verflüchtigt. Das politische Engagement, das sie an den Tag legen wollte. Oder der ausgeprägte Wille zur Selbständigkeit, mit dem sie einen Naturkostladen, einen Kosmetikladen, ein Café eröffnen wollte! Nichts mehr da von alledem. Für die Kohle ist er zuständig. Diese nächtelangen konstruktiven Diskussionen, mit denen sie sich ihm als hochkreative, begabte Persönlichkeit verkaufte, sind einem trägen, stummen deutschen Ehe-Einheitsbrei gewichen.

Wenn er ehrlich ist: Ihm fehlt der Bock, noch weiter bei der Stange zu bleiben. Denn mit dieser Wesensveränderung hat er nun wahrhaftig nicht gerechnet: Aus dem Schmetterling wurde eine Motte. Grau, unscheinbar, nichtssagend.

Und die soll er nun bis an sein Lebensende durchfüttern. Ein einziges Mal zum falschen Zeitpunkt *ja* gesagt. Bestraft für das ganze Leben. Ein schwacher Trost ist ihm eine Tatsache: er ist nicht allein. Tausende rund um ihn haben mit dem gleichen Schicksal zu kämpfen, müssen sich mit dem gleichen Dilemma arrangieren. Immer, wenn er nun am Wochenende mit seinem Eheweib zum Shopping geht, sieht er sie um sich herum: Die vielen Männer, denen sich die innere Einsamkeit ins Gesicht gemeißelt hat. Tausende dieser fahlen Gesichter sind am Wochenende in den Städten unterwegs, schwere Tüten schleppend, in denen *sie* mit Lust hineinpackt, was sie zuvor für sein sauer verdientes Geld erworben hat.

Aber: Die Stufe der Befreiung naht für jeden, bei dem die innere Flamme nicht erloschen ist. Auf die Dauer läßt sich nur eine Minderheit zum Fuzzi degradieren. Hinter jeder dieser von Langeweile geprägten Fassaden züngelt die Flamme des Aufruhrs!

Leider wissen das auch die Damen. Zwar haben sie mit dem Trauschein das Ziel nach gesicherter Bequemlichkeit zunächst erreicht. Aber es ist noch nicht optimal abgesichert. Die Nummer, die der junge Ehemann irgendwo und irgendwann mit einer anderen schiebt, wäre noch zu verschmerzen. Es könnte jedoch sein, daß der alte Adam wieder durchbricht! Und dann die Katastrophe: Ehescheidung! Das bequeme Leben hört auf! Man muß wieder an die Front. Wieder schminken, hochhackige Schuhe tragen, Schmollmund zeigen. Das ganze Theater von vorn. Man wird doch nicht jünger!

Jetzt heißt es, die Trumpfkarte auszuspielen, die der liebe Gott dem Weib in die Hand gegeben hat. Die Trumpfkarte mit eingebautem Multiplikator: die Fruchtbarkeit!

Ein Kind muß her. Mindestens eins! Es gibt keine bessere Möglichkeit, den Bequemlichkeitsstandard abzusichern und den Mann auf Gedeih und Verderb an Heim und Familie zu binden. Die Realisierung ist relativ einfach. Man braucht in der Brunftzeit nur die Pille abzusetzen, dann ist die Sache binnen kurzem geritzt. Alles andere erledigt der Körper von selbst. So eine Schwangerschaft hat auch den Vorteil, daß die Ruhepausen, die eine Frau beansprucht, legitim sind und von der Gesellschaft akzeptiert werden. Immerhin darf man ein Dreivierteljahr lang ungehindert seiner liebsten Beschäftigung nachgehen – dem Nichtstun. Und der angenehme Nebennutzen: man kann sich dem Sex-Bedürfnis seines Gatten auf plausible Weise entziehen.

Nun gibt es drei verschiedene Arten, um sich mittels Kind eine abgesicherte Zukunft zu verschaffen: Man redet so lange auf den Mann ein, wie reizvoll ein Kind für ihn sei, bis er es wirklich glaubt. Eine aufwendige Methode, um zum Erfolg zu kommen. Der zweite Weg ist das sogenannte ethische Selbstverständnis: Man setzt einfach voraus, daß ohne Kind das Leben ohne Sinn ist und reagiert empört auf Einwände. Das ist der stilvollste Weg, um sich durchzusetzen. Die pragmatischste Art ist, Vergeßlichkeit in bezug auf die Verhütungsmethode vorzutäuschen, oder man muß aus gesundheitlichen Gründen mal die Pille absetzen. Bums – das Kind ist da! Was für ein Pech!

Alle drei Methoden sind gleichermaßen beliebt und sichern bei intelligentem Einsatz der Frau ein paar Jahre eine gewisse Bequemlichkeit. Daß wir Männer das Spiel durchschauen, ist ohne Belang. Und es soll sogar welche unter uns geben, die das Vaterwerden tatsächlich auch forcieren.

Der kluge Mann, der so vereinnahmt wird, weiß, daß ihm rechtlich wenig Chancen bleiben, sich der finanziellen Tragweite dieser Vaterschaft zu entziehen. Die längst nicht mehr geliebte Frau hat das Recht voll auf ihrer Seite. Er muß die Arme ernähren, denn schließlich muß sie sich den ganzen Tag um das Kind kümmern. Er dreht also den Spieß um, macht ihr gleich noch ein, zwei oder drei Kinder und kann in Ruhe fremdgehen. Denn eine mit vier Kindern belastete Frau hat praktisch keine Gelegenheit mehr, das Haus zu verlassen. Sie ist auch aus der Schußlinie der Männerwelt, weil zu einem Tête-à-tête die Zeit fehlt. Abends ist sie so erschossen, daß sie froh ist, wenn er sie sexuell in Ruhe läßt. So fällt es auch nicht weiter auf, daß die Manneskraft außerhalb der ehelichen vier Wände verbraucht wird.

Hier zeigt sich also, daß auf jede weibliche Aktion eine sinnvolle männliche Reaktion möglich ist. Doch bis zu dieser Erkenntnis hat der Jungvermählte noch einen weiten Erkenntnisweg vor sich.

Das erste Kind hat noch die Funktion, eine gewisse Ruhigstellung des triebhaften Mannes zu erreichen. Da die Ehefrau den ganzen Tag Zeit hat, strategische Pläne auszuhecken, wie sie ihren erreichten Lebensstandard absichern kann, merkt sie relativ schnell, wenn ihr »Schatz« nach andern schielt.

Ermahnungen und Eifersuchtsdramen nutzen nicht viel. Sie sucht auch nicht den Fehler für dieses Verhalten bei sich und ihrem Motten-Dasein, sondern ist tief beleidigt, daß der Mann, der sich ja mal freiwillig für sie entschieden hat, plötzlich andere Ambitionen zeigt.

Die Sache mit dem Kind ist also zwingend vorprogrammiert. Glücklicherweise, denn ohne dieses Verhalten würde die Menschheit über kurz oder lang aussterben. Was den Frauen aber schlichtweg abzusprechen ist, ist ein natürlicher, mütterlicher Drang zur Population. (Wobei es Ausnahmen geben mag.)

Die Frauen folgen heutzutage nicht mehr irgendwelchen Naturgesetzen. In unserem Kulturkreis ist das erwähnte Bequemlichkeitsdenken erheblich ausgeprägter. Ein Kind packt den Mann von der emotionalen Seite: Sein ausgeprägter Gerechtigkeitssinn ist gefordert, sein Beschützerdrang. Alle seine Emotionen werden auf das Kind fixiert. Für mindestens drei Jahre ist erst mal Waffenstille. Denn schließlich hat man alle Hände voll zu tun, um das Bündel Mensch kindergartenfähig hinzukriegen. Ein Einzelkind ist allerdings auf Dauer als Druckmittel nicht geeignet. Es wird zu schnell groß und geht eigene Wege. Sobald die moralische Verpflichtung für den Mann verschwunden ist, sich jeden Abend um den kleinen Wicht zu kümmern, ergibt sich wieder die Situation, daß Papa feststellt, »andere Mütter haben auch schöne Töchter«. Gleiches Spiel, gleiches Endergebnis: Das zweite Kind ist im Anmarsch. Meistens geht es einher mit einer Ehekrise: Papa ist fremdgegangen und Mama hat ihn erwischt. Man schreit fürchterlich rum. Papa ist kleinlaut. Gnädig wie Mama sein kann, vergibt sie Papa. Papa verspricht, alles wieder gutzumachen und rammelt Mama auch brav einige Tage hintereinander. Mama strengt sich dabei kräftig an und stöhnt so, wie sie sonst nur beim Putzen stöhnt. Peng, das nächste Eilein ist befruchtet und macht sich auf, Kind zu werden. Was dabei auf die Welt kommt, hat der Volksmund »Versöhnungskind« getauft. Ein Geschenk des Himmels oder eine eiskalt berechnete Strategie zur Sicherung des persönlichen Lebensstandards?

Mit dem zweiten Kind allerdings steigen für den Mann die Chancen, seine alten Freiheiten zurückzugewinnen. Eine Scheidung kommt in den meisten Fällen nicht in Frage, weil ein Verzicht auf 70 Prozent des Einkommens zur Sicherung der zurückgebliebenen Familie auch den schrecklosesten Burschen zurückschrecken läßt. Und es ist ja nicht nur der finanzielle Aspekt. Da kommt noch der moralische hinzu, daß man sich ab und an bei der verlassenen Familie sehen lassen muß. Keiner fragt den Betroffenen, ob er gern und von Herzen die Vaterrolle angenommen hat oder ob ihn sein Eheweib als Spermaproduzent eingesetzt hat: »Was man bestellt hat, muß man auch bezahlen, so ist das nun mal.«

In einem solchermaßen geregelten Leben geht der intelligente Mann den Weg des geringsten Widerstandes. Weil zwei Kinder zunächst viel Geld kosten, liegt es auf der Hand, daß der Ernährer mehr arbeiten muß, um alle hungrigen Mäuler zu stopfen. Man benötigt ein zweites Auto, um die Kleinen zur Schule zu fahren. Klavierstunden, Sportclubs, Fahrräder, Urlaubsreisen und anderes mehr sind zu finanzieren. Das kann man nicht im Acht-Stun-

40

den-Arbeitstag schaffen. Das fordert den ganzen Mann. Unser zum Familienvater aufgestiegener Bruder Leichtfuß wird alles dransetzen müssen, um Karriere zu machen: Das bringt einerseits Geld in die ständig ausgebrannte Haushaltskasse. Andererseits ergibt sich daraus aber auch die feine Möglichkeit, die eheliche Ordnung aus guten Gründen über lange Strecken unterlaufen zu können. Geschäftsreisen, Business-Meetings, Überstunden sind die Frohbotschaften, mit denen der Vater die kleinen unerlaubten Schäferstündchen kaschieren kann, die das Dasein als Ehekrüppel überhaupt erst erträglich machen.

Es passiert also genau das Gegenteil von dem, was seine unattraktiv gewordene Frau erreichen wollte: Nicht sie hat ihn angekettet, sondern er hat durchgesetzt, was er schon damals als junger Mann angenehm empfand: Eine Schlafstatt zu besitzen, in der man nach lang durchzechten Nächten und müde des latenten Entdeckertriebes einkriechen kann: Nestwärme, Bratkartoffeln, Fernsehen, Bier und Wein im Überfluß und für den Fall der Fälle noch die schnelle Nummer – was will man mehr?

Mit jedem Kind wächst die Sicherheit, daß sich an dieser sauberen Versorgungslösung nicht mehr viel ändert. Die Frau übernimmt die Mutterrolle und merkt gar nicht, wie Papa plötzlich gleichermaßen mütterlich vereinnahmt wird. Die Strategie des bequemen Lebens hat in solchen Fällen einen Umkehrschluß bewirkt.

Bedauerlicherweise ist diese gewisse Art von Harmonie nicht die Regel. Und sie setzt auch voraus, daß der Ehemann ein dickes Fell hat, um oft jahrelanges emotionales Theater stoisch zu ertragen. Meist ist der junge Mann dazu kaum in der Lage.

Die Mädchenwelt kennt grausame psychologische Tricks, den Männern das Leben zur Hölle zu machen, wie das nachfolgende Kapitel am Beispiel der Eifersucht zeigt.

4

Eifersucht ist eine Leidenschaft, die mit Eifer sucht, was Männern Leiden schafft

Zunächst einmal muß man wissen, daß Frauen alles nur aus Liebe tun! Für die Tatsache, daß der Mann sie ernährt, spenden sie ihm tagtäglich ein Füllhorn an Liebe. Sie lieben ihn, wenn er frühmorgens »auf Arbeit geht«. Sie lieben ihn, wenn er abends den Müll runterbringt. Sie lieben ihn, wenn er versunken in Vergangenheitsgedanken schwelgt und deshalb die liebende Frau eine gewisse Zeit vergißt. Sobald Frauen verheiratet sind, lieben sie, mit Unerbittlichkeit, daran gibt's nichts zu deuten. Und die Liebe hält dauerhaft an, wenn nicht angesichts einer Scheidung diese Liebes-Strategie blitzartig geändert wird: Dann haßt man ebenso intensiv, wie man zuvor vorgegeben hat zu lieben. Der Wechsel zwischen Liebe und Haß macht keine große Mühe. Heute geliebt, morgen gehaßt – zwei Seiten der ehelichen Medaille!

Ob es sich wirklich um Liebe handelt, die da über den Mann geschüttet wird, weiß keiner so genau. Und die Erfahrung lehrt, daß Dinge, die man sich lange genug einredet, auch geglaubt werden.

Also lassen wir die Herzdamen in dem Glauben, wir würden die Sache mit der Liebe ernst nehmen. Wenn man ehrlich ist, hat eine Frau zunehmend weniger zu bieten, wenn sie erst einmal ein paar

Jahre verheiratet ist. Die Erotik ist raus. Sie verursacht Kosten, und nicht gerade wenige. Die Kleidung, die sie braucht, um noch eine gewisse Wirkung zu entfalten, wird immer teurer. Die Leistungsfähigkeit sinkt, weil die Lust auf Arbeit mit jedem Ehejahr sich mehr dem Nullpunkt nähert. Und rundherum laufen lauter junge Schicksen herum, die es auf ihren gutverdienenden Mann abgesehen haben. Kameradschaft gibt es unter Frauen nicht. Einer älteren Geschlechtsgenossin den Mann abzujagen, ist erklärtes Ziel ganzer Dutzendschaften nachwachsender Nebenbuhlerinnen. Wenn nur einigermaßen Geld und Sicherheit zu erwarten sind, kennen die Weiber ihr eigen Fleisch und Blut nicht mehr und jagen der eigenen Schwester hemmungslos den Mann ab.

Für alle diese Wechselfälle des Lebens haben die Frauen eben ihre ganz spezielle Form der Kommunikation entwickelt, die den Namen »Liebe« trägt. Eine etwas brüchige Strategie, mit der kein logisch denkender Mann auf Dauer operieren würde. Aber aus Sicht einer Frau eine durchaus passable Masche, um Bindungen zu legitimieren.

Lieben ist ein Freifahrtschein für jedwede emotionale Verrücktheit. Man kann schreien, weinen, trampeln wie ein Kind, Geschirr zerdeppern, Ringe wegschmeißen, wutentbrannt das Zimmer verlassen oder die Bratkartoffeln vom Feuer direkt in den Müll werfen. Gesetzt den (unmöglichen) Fall, solche Auftritte würden zwischen Männern stattfinden, so würde der damit konfrontierte Mann seinem Gegenüber höchstens bescheinigen: »Der muß bekloppt geworden sein!« Was in deutschen Ehehäfen zerdeppert und zerredet wird, ist wahrhaft gebündelter Wahnsinn!

Da kommen Männer nach Hause, die acht oder zehn Stunden lang nicht nur Geld verdient haben, sondern auch die Akzeptanz breitester Kollegen- und Kundenkreise genossen haben, und zu Hause werden sie Augenzeugen eines Veitstanzes, nur weil sie vielleicht noch den Anruf eines Kollegen erhalten, der an die Geschäftsreise am nächsten Tag erinnert.

So harmlos wie dieses banale Beispiel fangen tatsächlich in fast allen deutschen Wohnstuben gewaltige Ehedramen an. Der Anstoß ist eigentlich immer nichtig. Das Ende immer das gleiche: Bratkartoffeln im Müll, Mama schläft im Gästezimmer, Papa begreift nicht, was eigentlich los ist, nutzt aber die Gunst der Stunde, um sich genußvoll an einer guten Flasche Wein zu beschickern. Was ihm sonst den Vorwurf einbringt: »Mußt Du denn immer soviel trinken?«

In unserem Beispiel nimmt das Drama seinen Lauf. Eine liebende Frau vermutet angesichts eines späten Anrufes mit Sicherheit irgendeine Schweinerei! Es ist doch schließlich unmöglich, daß da abends noch einer anruft, um auf eine Geschäftsreise hinzuweisen! Papa ahnt noch nicht, wohin die weibliche Logik die liebende Frau führen wird. Es wird aber nicht lange dauern, bis »Frau Gattin« deutlich macht, daß sie hinter dem Anruf ein Komplott vermutet. Entrüstet wehrt sich der Mann. Das ist aber mindestens ebenso falsch, als wenn er gar nichts sagen würde. Sagt er nichts, ist er sowieso enttarnt. Und wehrt er sich, eskaliert die Auseinandersetzung. Die Verteidigung wird als Lügerei gebrandmarkt. Was auch immer die nachfolgende Diskussion ergibt – es hilft nichts, die Kartoffeln müssen in den Müll. Die Chance, daß sie noch auf dem Teller landen, wird mit jeder Minute geringer.

Die Qualität des abendlichen Ehekrachs hängt von der körperlichen Verfassung der Frau ab. Hatte sie nachmittags einen Kaffeeklatsch, ist sie ziemlich müde. Es kann also sein, daß die ihr eigene Bequemlichkeit sie davon abhält, das Thema zum Dauerbrenner zu machen. Hat sie sich aber den ganzen Tag gesalbt und haben die ätherischen Öle ihren Kreislauf aktiviert, dann Gnade Gott!

Der gestandene Mann kann allerdings mit diesen Eskapaden gut umgehen. Der Verzicht auf die Bratkartoffeln ist gut für die Figur, die wegen des Alkoholkonsums, den ein rechter Mann pflegt, sowieso kalorienreduziert behandelt werden muß. Und Mama auf der Gästecouch ist der beste Garant für repressionsfreien Schlaf. Über die Unvernunft und die mangelnde Logik hat er sich längst hinweggesetzt. Denn aus vielen Gesprächen mit Kollegen weiß er, daß die Frauen alle so sind. Es ist zwar schwer, aber man muß sich irgendwann einmal damit abfinden, daß es keine logisch denkende

44

Frau gibt. Das Leben wäre auch viel zu einfach, wenn der Dialog mit Frauen genauso logisch wäre, wie unter den Männern.

Die Angehörigen des weiblichen Geschlechts unterscheiden sich landauf, landab in Sachen Eifersucht keinen Deut voneinander. Das ist mit ein Grund, warum spätestens nach der zweiten Scheidung der Mann aufhört, noch weiter nach der Traumfrau zu suchen, in der stillen Hoffnung, wenigstens mal eine zu finden, die logisch denken kann. Nichts dergleichen ist zu erwarten. Ob Verkäuferin, Sekretärin, Lehrerin, Ärztin: in Sachen Emotionalität sind alle gleichermaßen verworren.

Selbst das bescheidenste Gemüt unter den Männern hat schnell erlernt, daß »man die Kuh, die man melkt, nicht auch noch schlägt«. Keinem Mann würde es je einfallen, sich mit der einzigen Einkommensquelle anzulegen.

Die emotionalen Ausbrüche haben jedoch bei den Frauen eine Wirkung wie der Aderlaß im Mittelalter. Er reinigt den Körper. Erfahrene Männer wissen, daß der Krach in regelmäßigen Intervallen wiederkehren muß. Manche sind so professionell darauf geeicht, daß sie den Anlaß vorprogrammieren. Sie legen kleine Abenteuer immer kurz hinter ein Eifersuchtsdrama, nutzen also Mamas psychische Ermattung zur Verbesserung der eigenen Lebensqualität.

Das Tolle ist und bleibt allerdings, daß das alles immer nur aus Liebe erfolgt. Diese Art der Liebe bekommt dann auch faßbare Strukturen und Steuerungsmöglichkeiten. Wer mehr als eine Frau im Leben gehabt hat – und das ist der größte Teil der Männer, hat ein erstklassiges Gespür dafür entwickelt, wie er mit den Attacken seiner Chaotin zurecht kommt.

Die Eifersuchtsdramen sind bei sinnvoller Steuerung Zeiträume, in denen man Dinge erledigen kann, die man immer schon erledigen wollte. So gibt es Frauen, die reden tagelang nicht mit dem Ehemann. Der ist darüber keineswegs unglücklich, weil er die Zeit nutzen kann, in Ruhe Zeitschriften zu lesen.

Und dann gibt es den Typ Frau, der sich im Bett verweigert. Sehr angenehm, denn auf diese Art und Weise speichert der Gatte seine Manneskraft, um sie lustbringender einzusetzen, und wirklich gut haben es auch die, deren Frauen die Tasche packen und zur Freundin ziehen.

So tritt Ruhe ein. Man kann problemlos mit der Geliebten telefonieren. Man kann sich aber auch wie in alten Zeiten vor die Flimmerkiste hocken, eine Kiste Bier trinken, ohne Zahnputz ins Bett gehen und nach Herzenslust rülpsen und furzen.

Die Art der Eifersuchtsanfälle, die Länge, die auslösenden Faktoren sind zwar von Fall zu Fall verschieden, lassen sich jedoch im Einzelfalle kategorisieren und damit vernünftig steuern. Natürlich kann man dies nicht von einem jungen Mann erwarten, der seine Gefühle noch nicht im Griff hat, doch im Laufe der Jahre entwickelt jeder hier seine spezifischen Fähigkeiten und ein ausgeprägtes Immunsystem.

Das Schlimme am Eifersuchtsdrama ist eigentlich eher phonetischer Art: Je lauter Frauen sprechen, desto unerträglicher werden ihre Stimmen. Da werden Frequenzen wirksam, die dem männlichen Ohr wahrhaft weh tun. Über den unlogischen Inhalt kann man im Zweifelsfalle hinwegsehen, die ständigen schrillen Töne aber zerren wirklich am Nervenkostüm. Sehr unbehaglich wird der Streit, wenn sie zu heulen beginnen. Angesichts dicker Kullertränen fragt sich der Mann »Warum macht sie das eigentlich? Und immer wieder?« Eine Antwort auf diese Frage wird er nie erhalten – weil es keine Antwort gibt! Weinen macht allerdings nicht schöner. Eine verheulte Frau nimmt der sowieso schon abgeschlafften Ehe noch die letzte Würze.

Ärgerlich ist die Zerstörwut. Zwar bleibt in der Regel die Wohnungseinrichtung heil, doch manche schöne Vase landet demoliert auf dem Fußboden. Das kostet Geld, das wieder verdient werden muß. Da schwört man schon mal heimlich Rache, die zerdepperte Summe doppelt und dreifach mit den Freunden am Biertisch »plattzumachen«.

Pädagogisch verwerflich, aber nicht auszumerzen, ist die Tatsache, daß viele Frauen die Aufzucht mit ins Drama einbauen. Dem kleinen Töchterchen wird mit Vehemenz vor Augen geführt, was

Papa für ein Böser ist. Bei den Gören gelingt das sogar, denn die Geschlechtsverwandtschaft führt zur Kameraderie. Die kleinen Jungs hingegen sind eher verunsichert, wenn Mama ihnen den Vater schlecht machen will. Denn die begreifen genausowenig wie Papa, was der Aufstand eigentlich bewirken soll.

Nun ist es ja in der Regel so, daß die Attacke sich irgendwann erschöpft. Darauf weist der erfahrene Mann seinen Hausdrachen während der Diskussion zwar immer wieder hin (»Mädchen, was lohnt sich denn das Streiten, wenn wir spätestens übermorgen wieder ein Herz und eine Seele sind...«), doch solchen Appellen weichen Frauen gezielt aus!

Sie ignorieren ganz einfach fundamentale Erkenntnisse. Das muß man sich mal vorstellen. Obwohl der zerstörerische Charakter des Ehestreits millionenfach bewiesen ist, läßt es sich die holde Weiblichkeit nicht nehmen, immer wieder neue Eifersuchtsdramen in Szene zu setzen. Volkswirtschaftlich gesprochen entstehen unserem Lande Milliardenverluste durch fehlgeleitete Energie.

Statt die Energie einzusetzen, um die Produktivkraft der Familie zu verbessern, zerreiben sich erwachsene Frauen, die in der Regel sogar über eine gute Schulbildung, über Studium und Berufserfahrung verfügen, in einem zermürbenden Geschlechterkrieg auf. Ach ja, es ist ja Liebe...

5

Die relativ bequeme Art, durch Heirat reich zu werden

Bereits der pubertäre Jüngling lernt bei seinen ersten erotischen Gehversuchen, daß immer er es ist, der die Geldbörse zu zücken hat. Die Mark Taschengeld, die in der vorpubertären Phase noch eine Mark wert war, ist plötzlich nur noch fünfzig Pfennig wert. Für diese Halbierung des frei verfügbaren Vermögens darf er sich allerdings als Alleinunterhalter betätigen und der jungen Dame wohlfeiles Amüsement bieten. Als Gegenleistung bekommt er zunächst einmal nichts, wenn man mal von der vagen Hoffnung absieht, sein Ding in ihr Ding zu tun.

Das Taschengeld wird zunächst in den Kauf von Getränken und Unterhaltung investiert und verursacht gewöhnlich nicht einmal ein Dankeschön. Vielmehr ist es Usus, daß die junge Dame versuchen wird, ihren Marktwert so schnell wie möglich in die Höhe zu schrauben. In Kenntnis der Tatsache, daß es dem Jüngling nicht um sie als Dame, sondern um sie als Bumsmutter geht, wird sie alles dran setzen, sich so teuer wie möglich zu verkaufen. Also: Die Forderungen steigen. War es gestern noch die Cola, so muß es heute schon die Kinokarte und morgen die Einladung zum Eislaufen sein. In wohlabgestufter Form stellt sie dem Sexualsklaven dafür Erogenes in Aussicht.

Im Grunde verändert sich an diesem Geschlechtsspiel lange Jahre nichts. Die intelligente Frau weiß die Spielregeln virtuos zu

48

beherrschen. Zunächst muß man zugeben, daß Frauen über ein sensitives kaufmännisches Verhalten verfügen. Es ist schon bemerkenswert, welch absatzwirtschaftliche Kraft Frauen entwickeln, um ihr Produkt zu vermarkten. Man stelle sich vor, es gäbe einen Unternehmer, der nur ein Produkt besitzt, dieses in attraktiver Verpackung anbietet und sich dabei einer Million Wettbewerber ausgesetzt sieht, die genau das gleiche Produkt anbieten. Es würde ein unglaublicher Konkurrenzkampf entstehen. Es ist eindrucksvoll, wie Frauen solche kaufmännischen Sorgen ignorieren und der festen Überzeugung sind, daß ihr Produkt von allen auf dem Markt befindlichen Produkten das beste ist. Man sieht: Glaube versetzt Berge. Es gibt bemerkenswerterweise keine einzige Frau, die nicht von der herausragenden Qualität ihres Angebotes überzeugt wäre. Noch nie habe ich einen Mann erlebt, der der Meinung wäre, sein adäquates Produkt sei die Spitze des Weltstandards. Nach diesem kleinen Exkurs in die Welt des Marketings erkennt man aber auch, daß Frauen beim Geschäftemachen von anderen Intentionen geleitet werden als Männer.

Die Frau glaubt fest an das, was sie zu vermarkten hat. Der junge Mann als potentieller Käufer hat keine andere Chance, als diesen »Handel« mitzumachen, wenn er seinen Kaufrausch befriedigen will. Erst lernt der Jüngling alternative Verkaufspraktiken kennen, später werden die Spielregeln dann geändert und das Produkt gibt es auf jedem Markt der käuflichen Liebe. Dann kommt dem Jungen zugute, daß er die Spielregeln für den Kauf bereits in jungen Jahren am unprofessionellen Objekt studieren konnte. Das macht ihn auf dem Markt der käuflichen Liebe zum erfolgreichen Partner.

Bevor dem jungen Mann jedoch große Mengen des Produktes auf dem freien Markt angeboten werden, muß er die ganze Problematik des Verknappungsmarketings über sich ergehen lassen. Und ist dabei immer der Gefahr ausgesetzt, von einer der Bieterinnen zum Lebenskampf vereinnahmt zu werden.

Denn die Bequemlichkeit ist es wieder, die den Verkäuferinnen klar macht, daß man das Ding möglichst nur einmal und dann so ertragreich wie möglich verkauft. So eine Art Leasing-Vertrag mit einem Kunden, dessen Bonität außer Zweifel steht und der sich schnell und kompromißlos für das Produkt entscheidet – das ist das richtige. Ein marktwirtschaftlich völlig professionelles Unterfangen, das selbst der klügste Kaufmann nicht besser abwickeln könnte. Zunächst sondiert man also in den Jahren, in denen das Angebot noch frisch und ein erheblicher Nachfragemarkt vorhanden ist, die Verkaufs-Situation. Weil sich das Produkt in seiner Form von anderen Marktangeboten nicht nennenswert unterscheidet, muß das Image rundherum positiviert und eine kaufstimulierende Atmosphäre geschaffen werden. Hier hilft die Industrie, den weiblichen Design-Drang zu unterstützen. Das Angebot der Ware erfolgt dann dort, wo eine Nachfrage nach diesem Angebot gegeben ist: Discotheken, In-Kneipen, Spaß-Bäder sind ein ideales Terrain, um die Leistung feilzubieten. Der Verkauf erfolgt also in »frequenzstarken Zonen«. Darüber hinaus gibt es zusätzliche Verkaufsorte mit eher marktschreierischer Komponente. So eignet sich zum Beispiel die Insel Ibiza im Sommer bestens dazu, das Angebot an den Mann zu bringen. Man kann es hier – je nach verkäuferischer Raffinesse völlig unverpackt oder knapp verhüllt feilbieten. Allerdings tritt an solchen Plätzen meist eine wilde Hektik ein, und oft vergessen die Anbieterinnen das ursächliche Prinzip des Verknappungsmarketing. Hier sei also zur Vorsicht gemahnt!

Wie gesagt: Das Ding muß weg. So teuer wie möglich, so schnell wie möglich, solange es noch frisch ist! Das Leben ist lang und die Selbstversorgung ohne den regelmäßigen Geldtransfer eines auf Lebenszeit vertraglich verpflichteten Leasing-Nehmers mühsam.

Die clevere Frau weiß, daß das Angebot maximal zehn Jahre gute Marktchancen hat. So etwa ab dreißig – das ist gesichertes weibliches Wissen – erschwert sich der Verkauf, da die potentiellen Käufer immer kritischer werden und der Spontankauf deutlich rückläufig ist.

Zwangsläufig ändert sich die Verkaufstaktik im Lauf der Zeit. Zwar weiß bereits das junge Mädchen um den Wert der bestimmten körpereigenen Zonen, doch sucht sie für die Beackerung ihres kleinen Gärtchens natürlich erfahrene und erfolgreiche Gärtner. Kleine, gerade frisch erblühte Mädchen haben noch keine gezielte Beziehung zu den langfristigen Notwendigkeiten des Lebens, sondern suchen vor allem den tollen Beau. Die starken Jungs ohne Pickel mit dem vom Sport gehärteten Bizeps, dem ersten kräftigen Bartwuchs und den blonden Haaren auf hünenhaftem Körper sind die erwählten Günstlinge. Im Laufe der Zeit ändert sich das Denken jedoch. Mehr und mehr kommen die Jungs aus den sogenannten besseren Kreisen in das Blickfeld des weiblichen Interesses. Immer noch völlig unbeliebt ist der pickelige Klassenprimus mit der schmächtigen Figur, der aber enorm was auf dem Kasten hat. Ihm fehlt es an herausragenden körperlichen Attributen, und er ist auch sonst ein Problemfall. Eine junge Frau, die sich für diesen Ehrgeizling entscheidet, muß noch viele Jahre darben, bis diese Intelligenzbestie das große Geld verdient. Bis zum Doktor vergeht viel Zeit. Hat man ihn dann, sind auch noch Studienbeihilfen zurückzuzahlen. Man kann doch einer hübschen jungen Frau nicht zumuten, daß sie mit einem solchen Kerl zehn Jahre lang in einem Studierzimmer haust, wo doch die Freundin von ihrem Dachdeckermeister bereits den neuesten Sportflitzer als Zweitwagen bekommen hat...!

Wichtig ist die schnelle Versorgung, die Sicherheit einer möglichst lebenslangen Geldeinnahmequelle mit allen rechtlichen Absicherungsfaktoren. Spätestens ab Mitte zwanzig ist das Wissen um diese Notwendigkeit festverankertes frauliches Wissen! Jetzt kommt es nur darauf an, zu schöpfen, was die Quelle unerschöpflichen Reichtums am ehesten sprudeln läßt. Hier kommt es der jungen Frau zugute, wenn sie aus einer sogenannten besseren Familie stammt. Denn damit ist meistens ein komplexeres Denken verbunden. Sie weiß, daß der von Mama vorgelebte Lebensstil in hohem Maße Bequemlichkeit bedeutet. Sie wird sich also nicht gerade einen jungen Kfz-Schlosser angeln, selbst wenn der von netter Statur und angenehmem Wesen ist. Das Einkommen des jungen Mannes reicht höchstens fürs Notwendigste.

Andererseits hat aber auch das Aschenputtel aus dem Wohnblock erkannt, daß mit dem Verhökern der Anatomie viel Kohle zu machen ist. So wird sie genauso wie die Anbieterin aus der Vorort-Villa den Markt auf seine »Blue-Chips« hin abgrasen. Ihr einziges Problem wird sein, daß sie nicht überall da präsent sein kann, wo die Hautevolee sich trifft: im Tennisclub beispielsweise oder im mondänen Badeort.

Der Villenvamp hat in der Regel die besseren Karten, wenn es darum geht, die wirklich interessanten Rasse-Rüden zu erschnüffeln. Der Sozialwohnungs-Star muß sich mehr mit den Straßenkötern zufriedengeben. Das muß aber nicht prinzipiell so sein. Denn Schönheit und Jugendlichkeit kompensieren immer noch Reichtum und Adel. Eine wirklich schöne Frau darf im Zweifelsfalle nicht nur arm, sondern auch ein bißchen doof sein, denn Heirat ist ja zunächst nicht das erstrebenswerte Ziel der Kerle, eher erwartet das eingebaute »Nähmaschinenverhalten« seine Befriedigung.

So entwickeln sich nach den logischen Prinzipien der Marktsteuerungs-Mechanismen attraktive Angebote und Ladenhüter: »Arm und häßlich« ist höchstens unter bescheidenen Bedingungen veräußerbar. »Reich und häßlich« macht zwar dem attraktiven Manne keine Freude, schont aber ein Leben lang das Portemonnaie. »Arm, aber schön« dagegen geht wieder. »Reich und schön« gilt als Optimum im Angebot, ist aber kaum verfügbar. Zwischen diesen vier elementaren Gruppierungen bewegt sich die unendliche Vielfalt des femininen Warenlagers. Wir sprachen schon davon: Ein Problem ist, daß Frauen in der Regel von einem hohen Maß an persönlicher Fehleinschätzung gekennzeichnet sind. Nicht eine zweifelt an sich!

Selbst das unscheinbarste Pummelchen tritt auf der Balzbühne mit einer Sicherheit auf, als hätte sie das Ding mit Brillanten besetzt. Selbstzweifel kennt die wahre Frau nicht. Für den erfahrenen Mann ist es ein Phänomen, von welchem Selbstbewußtsein manche junge Braut getrieben wird. In der Regel werden landesweit zweimal die Woche die Karten neu gemischt. Mittwochabends und samstagabends salben die jungen Göttinnen ihre Leiber, pudern ihr bescheidenes Angebot und bereiten sich auf den Augenblick der Augenblicke sorgfältig vor. Meist befindet sich im Kleiderschrank ein eigenes für die Abendveranstaltung vorhandenes Höschen, das pro Gramm ein Vermögen gekostet hat. Und auch die beiden in der Männersprache böse als »Quarktaschen« definierten Fixpunkte des weiblichen Körpers erfahren eine besondere Würdigung, in dem sie wirkungsvoll in Szene gesetzt werden. Bei der Präsentation des Angebotes dürfen einfach keine Fehler gemacht werden. Die ganze Prozedur ist nicht so hopplahopp zu erledigen, sondern erfordert äußerstes Fingerspitzengefühl. Und dann ist es endlich soweit. Mit Glanz in den Augen, duftigem Haar und einer Eleganz ohnegleichen schweben sie förmlich auf die Bühne des Lebens: Heute oder nie heißt die Parole.

Das einzige Problem für die Damenwelt ist, wie man aus dem Potential an disponiblen Herren den herausfiltert, der den wirtschaftlichen Bedürfnissen am ehesten Rechnung tragen kann. Das ist in der Tat nicht leicht. Denn zunächst einmal ist nicht genau erkennbar, wer denn nun wirklich zu denen gehört, die finanziell Zukunftsperspektiven bieten. So macht der Kfz-Schlosser auf den ersten Blick einen guten Eindruck: Er hat meist ein sportives Auto (denn er kann es selber reparieren und kommt auch an die Ersatzteile billiger ran). Er hat früh die Schule verlassen und deshalb schon als 18jähriger ein erquickliches Einkommen. Und er ist auf Grund seiner beruflichen Betätigung relativ kräftig gebaut. An der Kleidung ist auch nichts auszusetzen. Auf den ersten Blick macht dieser Bursche einen guten Eindruck – er könnte auch aus einer reichen Familie stammen, wenn man ihn da so stehen sieht. Hingegen wirkt der Junge aus der reichen Familie unter Umständen erst auf den zweiten Blick: Der drückt noch die Schulbank, wenn der andere bereits kräftig Kohle macht. Vom Vater hat er höchstens einen gebrauchen Kleinwagen bekommen, weil es zu seiner Erziehung gehört, daß der Sohn sein Geld selber zu verdienen hat. Und aufgrund der wirtschaftlichen Prosperität daheim neigt der junge Mann zur Konsumverweigerung und kleidet sich unattraktiv. Wie soll man da seinen wirklichen Marktwert erkennen?

Das beste wäre, wenn an den Treffpunkten der Jugend klare Verhältnisse herrschten und man beim Kauf der Eintrittskarte die wirtschaftlichen Möglichkeiten transparent machen müßte. Das würde den Handel mit der Leistung Liebe doch erheblich vereinfachen.

So hat die engagierte Jägerin ständig das Problem, nicht genau zu wissen, ob das fixierte Opfer tatsächlich den Erwartungen entspricht oder sich als wirtschaftlich-taube Nuß entpuppt. Der Gedanke, sich für nichts und wieder nichts eine Nacht um die Ohren schlagen zu müssen, grämt. Um das Risiko wenigstens einigermaßen einzudämmen, sondieren die Mädchen das Angebot zunächst nach reinen äußeren Qualitäten. Jeder Besucher eines von Singles bevölkerten Treffs weiß, wie die Blicke hin und her schweifen, wenn der Sondierungsprozeß im Gange ist. An der Sprache, an der Gestik, der Mimik, dem Freundeskreis, dem Auto vor der Tür und tausend anderen Details orientiert sich die balzwütige Braut, bevor sie daran geht, ihre Gunst feilzubieten. Dieser Prozeß dauert lange. Profis wissen, daß in den Kneipen nie vor zwölf Uhr die Entscheidung fällt, ob und mit wem die Kopulation stattfinden soll. Es hat eigentlich auch gar keinen Zweck, sich vorher in eine Kneipe zu begeben, weil normale Kommunikation mit Frauen nicht möglich ist. Denn durch solche Gespräche würde die von Heiratswünschen geschüttelte Frau ja nicht mehr in der Lage sein, das Terrain zu beobachten. Also: Zwischenmenschliche Plaudereien in dieser Phase der Orientierung sind falsch. Clevere Wirte wissen, daß vor zwölf nichts läuft und öffnen deshalb auch erst ab zehn Uhr die Pforten.

Und erfahrene Männer wissen, daß sie vor zwölf überhaupt nicht aufzutauchen brauchen. Erst ab zwölf steigen die Chancen rapide, zum Abschuß zu kommen. Während sich die Kerle ausschließlich von ihren geilen Erwartungen getrieben auf diesen Jahrmarkt der Eitelkeiten begeben, hat er für umsichtige Weiber eher den Charakter eines Viehmarktes.

Da ist zunächst der arme, aber arbeitsame Mann. Millionen tätiger Arbeitnehmer bilden das größte Potential, das in den

Klauen der Frauen landet. Man hat diese Spezies Mann nicht etwa freiwillig gewählt, sondern ihn mangels besserer Chancen genommen. Solche Männer werden auch nicht schnell geheiratet. Vielmehr werden sie nach dem ungeschriebenen Gesetz von »sichern und weitersuchen« zunächst einmal kaltgestellt. Besser einen biederen Mann als gar keinen, weiß jedes junge Mädchen. Um den Besitzstand nach außen abzusichern, wurde die Verlobung erfunden, ein Instrument der Öffentlichkeitsarbeit. Man kann nach außen dokumentieren, daß man heiratswillig ist. Aber man hat immer noch genügend Freiraum, um sich anders zu orientieren, wenn sich doch noch etwas Besserers anbietet. Denn glücklicherweise wohnt man noch nicht zusammen und hat so Gelegenheit, reichlich Zeit in die weitere Beobachtung des Marktes zu investieren. Und was besonders schön ist: der Geköderte wird beringt wie ein Huhn, so daß für weitere Interessentinnen die Besitzverhältnisse dokumentiert werden.

Mit solchen Verlobungen kann man Zeiträume bis zu mehreren Jahren überbrücken, ohne in Verruf zu geraten. Hat sich in den Folgejahren keine andere Alternative aufgebaut, und zeigt der Blick in den Spiegel, daß man nicht schöner geworden ist, wird die Heirat beschlossen. Denn eine Verlobung gilt als Eheversprechen. In der Zwischenzeit hatte die junge Frau hinreichend Gelegenheit, zu erforschen, wie die beruflichen Aussichten ihres Kandidaten sind. Während er noch an das Gute im Menschen glaubt, hat sie schon längst mit allen Berufsberatungsstellen telefoniert, um herauszufinden, welche beruflichen Weiterbildungsmöglichkeiten sich für ihn ergeben. Wenn es Chancen gibt, das Einkommen zu vermehren, indem der gute Kerl die Abendschule drückt, dann wird sie dafür Sorge tragen, daß er es tut. Das hat gleich mehrere Vorteile: Sie weiß, wo er abends ist und daß er ihr nicht von der Fahne gehen kann. Sie ist zufrieden, daß er abends müde ist und sich nicht mit seinem Trieb abplagen muß. Durch die Weiterbildung wird sein Einkommen steigen, was wiederum eine Grundvoraussetzung für ein bequemeres Leben ist.

Von der Qualifikation wird auch die Zahl der Kinder abhängig gemacht. Es dürfen nie soviel sein, daß man sich einschränken muß, aber immerhin noch genug, daß er sie nie verlassen kann. Andererseits darf er nicht zuviel Taschengeld beanspruchen, weil ihm sonst der Weg zur käuflichen Liebe zu leicht gemacht wird. Überstunden ja, wenn sie tatsächlich auf dem Gehaltsstreifen als solche erkennbar sind und zur Müdigkeit führen. Diese Müdigkeit ist ein wichtiges Instrument für die Seelenmassage in Sachen Sex. Dem müden Mann kann man getrost vorwerfen, er würde sich nie sexuell um seine arme Frau kümmern. Man braucht keine Angst zu haben, daß er es tatsächlich tut.

Besonders wichtig ist die gemeinsame Kontoverbindung, im günstigsten Falle mit gegenseitiger Verfügungsgewalt. Ideal ist ein Taschengeld, das den Alkohol- und Zigarettenkonsum zwar zuläßt, aber keine Unregelmäßigkeit erlaubt.

Nun gibt es tatsächlich eine ganze Reihe von Männern, die sich diesen Würgegriff ehelicher Gewalt gefallen lassen. Der größte Teil jedoch hat sich seine persönlichen Freiheiten bewahrt und läßt dem Ehedrachen daheim lediglich aus taktischen Gründen das Gefühl, Herrscherin zu sein.

Es gibt neben dieser Standard-Version des Ehelebens eine weitere Variante im Umgang Frau/Mann: Wen das Schicksal mit einem Mann konfrontiert hat, der seine Zeit in den Aufbau seiner akademischen Karriere steckt, hat sein Päckchen zu tragen. Studenten sind bei der praktisch orientierten Frau unbeliebt, weil sie kaum Finanzmittel haben und es Jahre dauert, bis man die Früchte des Erfolges genießen kann. Hinzu kommt, daß man oft genug von schrecklichen Beispielen gelesen hat, wo der arme Student sich jahrelang von einer fleißigen Sekretärin aushalten ließ und sich dann, wenn der Rubel zu rollen begann, ausklinkte und ein neues Lebensglück suchte. Also eine sehr gefährliche Situation, in die man sich da eventuell hineinmanövriert. Und dennoch: Wenn das Schicksal es so will, dann muß man als Frau das beste daraus machen. Zwar ist die Investitionsfreude bei den Frauen nicht allzusehr ausgeprägt, aber was soll man tun, wenn man keine Alternative hat?

Immerhin sind die Perspektiven bei der Heirat eines zukünftigen Akademikers nicht schlecht. Ein Blick in die Gehaltsmatrix einer guten Wirtschaftszeitung zeigt, daß da immerhin Gehälter ab 100 000 DM gezahlt werden, so daß der Wohlstand mit ein paar Jahren Verspätung sicherlich eintreten wird. Die Gefahr ist eben nur, daß er dann fahnenflüchtig wird und sich eine jüngere sucht. Um dieser Gefahr zu begegnen, ist eine schnelle Heirat erforderlich. Er wird gerne darauf eingehen, weil sein karges Studentengeld sich durch die Heirat zunächst deutlich verbessert. Beim Abschluß der Heirat wird er auch nicht auf eine Gütertrennung pochen, denn es ist ja noch nichts da, was zu trennen wäre.

Damit ist zunächst einmal der zukünftige Ernährer gebunden, was natürlich noch nicht viel heißen will. Nun kommt es darauf an, nach erfolgreichem Abschluß des Studiums sofort den neuen frischen Topverdiener zur großen Kreditnahme zu verführen. Das Reihenhaus, die Arztpraxis, der Zweitwagen und die feinsten Designermöbel müssen her. Aufgrund des guten Einkommens ist die Kreditierung auch kein Problem. Auch Kinder sind ein treffliches Mittel, den Bestand der Ehe zu sichern. Das Ganze ist in der Regel eine Sache von ein/zwei Jahren – dann steht der auf Pump gebaute Wohlstand. Der Goldesel ist schon kurz nach dem Studium eingebunden in eine Unzahl an Verpflichtungen, die er fortan allein zu tragen hat, weil seine Investorin sich nicht mehr in der Lage sieht, zur finanziellen Verbesserung etwas beizusteuern.

Die junge Mitarbeiterin, die ihrem Chef jetzt Avancen macht, wird kaum eine Chance haben, ihn der Ehefrau auszuspannen. Denn die anstehenden Verpflichtungen zwingen ihn, bei der Stange zu bleiben.

Bleibt noch der tatsächlich »reiche Knopp«: Der Junge aus gutem Hause, dem Papa die Fabrik, die Wohnblocks und die Villa im Tessin vererben wird. Er ist und bleibt der Mittelpunkt der weiblichen Träume. Er kann schielen, lispeln, depressiv oder dämlich sein – er hat etwas viel Wichtigeres zu bieten: Geld im Übermaß. Dafür nimmt die gestandene Frau schon mal kleine Schwächen in Kauf. Hier spielt das Alter auch keine große Rolle mehr, ist unter

Umständen sogar von Vorteil: Alte Männer sterben schneller und hinterlassen eine Barschaft, die dann der Frau in den besten Jahren die Möglichkeit gibt, in Berchtesgaden ihren Dackel im Kurpark auszuführen. Der junge Reiche erlebt in der Regel die Frauenwelt als sexhungrige, lustvoll-stöhnende Gruppe, die ihn zum Potenz-Genie hochstilisiert. Ihm ist, als wären seine Erektionsschwächen nur eine vage Einbildung. Selbst die Tatsache, daß er zu schnell zur Ejakulation kommt, scheint keine Rolle zu spielen. Er ist die Erfüllung aller weiblichen Wünsche: der göttliche Eros selbst.

Um in den Genuß eines Trauscheines mit einem Gutbetuchten zu gelangen, greifen die Mädchen ganz tief in die Trickkiste weiblicher Raffinements! Besser einmal mehr stöhnen als einmal zu wenig, heißt die Devise. Ganze Sekretärinnen-Gehälter werden in teuerste Boutique-Fummel investiert, um an seiner Seite einen guten Eindruck zu machen. Der ganze Charme wird aufgewendet, um auch im Hause der zukünftigen Schwiegerfamilie Eindruck zu schinden. Die eigene Familie wird unter den Tisch gekehrt, wenn deren optischer wie intellektueller Standard nicht dem zukünftigen Ambiente entspricht. Und die Freundinnen von früher erleben die Abgehobene nur noch sphärenhaft aus der fernen Welt des Geldadels. »Die hat es geschafft«, so klingt die unverhohlen neidvolle Bewunderung, und der Vergleich mit dem eigenen Akquisitionsprodukt stimmt deprimierend.

Nun ist es trotz alledem nicht einfach, direkt an das Geld zu kommen: Denn meistens hält der mehr ausgebuffte Vater die Hände drauf und macht eine Heirat auf jeden Fall von einem Gütertrennungsvertrag abhängig.

Hier hilft nur die Strategie, den Jungen gegen seinen Vater aufzuwiegeln, ihm glaubhaft zu machen, daß Vater viel zu wenig für seinen Sprößling tut. Genial ist es, mit ihm nach Las Vegas zu fliegen und ohne irgendeine väterlich-vertragliche Daumenschraube zum Traualtar zu schreiten. Die Realisierung dieses Geniestreiches ist jedoch sehr problematisch, wenngleich es Fälle dieser Art geben soll.

Die nächste Taktik ist anderer Art: Hier versucht man, zum

zukünftigen Schwiegervater besonders nett zu sein. Wichtig ist, daß er erotisches Interesse an der zukünftigen Braut seines Sohnes entwickelt. Weil die Beziehung zur eigenen Ehefrau beim Alten nahezu eingeschlafen ist, er aber andererseits in erster Linie ein Mann ist, braucht man nur im heißesten Tanga am Swimmingpool herumzulaufen: Aus den Augenwinkeln beobachtet man, ob sich Schwiegerpapas Sehschlitze verengen und die Bermuda-Shorts eine leichte Wölbung zeigen. Eine wichtige Erkenntnis bei den weiteren Verhandlungen...

Sicherlich wird man Kompromisse schließen müssen. Denn einfach einheiraten und reich sein ist heute so gut wie ausgeschlossen, wenn man nicht selber ein volles Säckel mit in die Ehe bringt. Aber die Bandbreite zwischen Gütertrennung, Versorgungsausgleich und Unterhaltsanspruch läßt immerhin einigen Spielraum zu. Nicht zu unterschätzen ist auch der Faktor der Fruchtbarkeit, der selbst härteste Verträge im nachhinein beeinflußt: So sind angesichts der erschließbaren Ressourcen vier oder fünf Kinder durchaus praktisch: Ihre Aufzucht wird von dem anwesenden Personal übernommen. Es gibt ja genug arme Frauen, denen es nicht gelungen ist, einen Krösus zu angeln, und die sich in der peinlichen Lage befinden, arbeiten zu müssen. Vier oder fünf Kinder verpflichten außerdem den Erzeuger moralisch, sich um die angemessen stilvolle Ausbildung des Nachwuchses zu kümmern. Eine wirtschaftlich saturierte Familie braucht ihren Stammhalter, um das Vermögen durch die wechselvolle Geschichte weiter zu mehren.

Sicherlich gibt es zwischen diesen drei generellen Alternativen des Themas »Die Heirat als Leibrente« noch eine ganze Reihe von Variationen. In letzter Konsequenz werden sie alle vom gleichen Drang gesteuert, durch die Bindung eines Geldgebers dem Leben Sicherheit und Bequemlichkeit zu geben. Interessant ist in diesem Zusammenhang, daß die weibliche Eifersucht in einem kausalen Zusammenhang zur Sicherheit steht, mit der der Mann an die Ehe gebunden ist. Sollte einem das nicht zu denken geben?

6

Es ist leichter, es zu tun, als es den Damen auszureden…

Das Kampfspiel »Mann und Frau« ist so alt wie die Menschheit, auch wenn uns ständig ein Bild der neuen, modernen Frau, die so enorm viel fortschrittlicher als ihre Vormütter sein soll, vorgegaukelt wird. Keine Frau hört gerne, daß sie nicht einmalig ist. Keine gibt zu, daß sie im Grunde ihres Herzens die gleiche rechtschaffene bequeme Dame wie ihre Mutter ist, vom Leben hauptsächlich einen Versorger, ein regelmäßiges Einkommen und ein bequemes Sofa erwartet.

Schlimmer ist, daß mit dieser lahmarschigen Einstellung kein Mann zu gewinnen ist. »Die neue Frau« aber, von der da immer die Rede ist, die müßte wahrhaftig genetisch erst entwickelt werden. Erfolgreich soll sie sein, geradewegs begnadet. Sexuell aktiv ist sie, die Führungsrolle hat sie schon längst übernommen. Als vital und draufgängerisch wird sie bezeichnet. Sie genießt das Leben aus vollen Zügen, braucht mindestens fünf Männer für alle Lebensbereiche und erledigt Haushalt, Kinderkriegen und Geldverdienen »mit links«, ist selbstbewußt, engagiert, natürlich schön und unglaublich intelligent.

Mit der Wirklichkeit hat das nicht mehr viel zu tun. Es hat auch keinen Sinn, die Situation kommunikationswissenschaftlich zu untersuchen. Eher gilt hier ein altes Philosophenwort: »In allem Wandel liegt etwas ungemein Beständiges.«

In Wahrheit hat sich gar nichts verändert! Denn Veränderung setzt voraus, daß man den Menschen verändert, gentechnisch umpolt. Solange aber das Weib immer noch auf die gleiche alte Weise gezeugt wird, solange sie von der Mutter Erbgut und Lebensweisheiten bekommt, bleibt sie zunächst einmal das, was sie schon seit Urzeiten war: Eine auf Sicherheit und Bequemlichkeit ausgerichtete Person, die die Arbeit nicht erfunden hat!

Die Tatsache, daß unsere arbeitsteilige Gesellschaft in hohem Maße Frauen für alle möglichen Berufe benötigt und diese dort auch ihren Mann stehen, ändert nichts daran, daß sie den Beruf nicht als Erfüllung des Lebens betrachten, sondern eher als das bedauernswerte Schicksal, aus eigener Leistung den Lebensstandard sichern zu müssen.

Und auch die Tatsache, daß es einige typisch herausragende Erfolgs-Persönlichkeiten unter den Frauen gibt, ändert nichts daran, daß das Gros sich typisch verhält, nämlich auf Gott und die Leistungskraft des Mannes vertrauend.

Selbst die sogenannte Emanzipationsbewegung hat nichts geändert und ist im Grunde ein Schuß in den Ofen: Die wenigen zehntausend Frauen, die sich hier frustriert zusammengeschlossen haben, weil sie dem Idealbild des Mannes nicht entsprechen, lesbisch sind oder werden, sind nur die Legitimation für die Millionen anderen, die nach alten Ritualen auf Männerjagd gehen. Eine langjährige Emanze muß – wenn sie ehrlich ist – rechtschaffen traurig sein, wenn sie ein Resümee zieht und erkennt, daß ihre hohe Popularität und ihr ernsthafter Versuch, die Frauenwelt umzupolen, im Grunde nichts, aber auch gar nichts bewegt hat.

Ein abendlicher Bummel durch die Düsseldorfer Altstadt, durch Frankfurts Sachsenhausen, durch Münchens Schwabing beweist, was Sache ist: Die Herren der Schöpfung wollen kopulieren, und die tugendhafte Damenwelt will daraus Kapital schlagen. Auf diesen Nenner kann man den Kampf der Geschlechter zurückführen. Es kann auch nicht anders sein, denn das hieße, Naturgesetze zu verändern.

Einmal alle Ausnahmen links und rechts ausgeklammert, ist die

Rollenverteilung stabil. Der Mann war seit frühester Zeit der Aktive, und er bleibt es auch! Daß mit männlicher Überaktivität politische und gesellschaftliche Gefahren verbunden sein können, wissen wir. Andererseits muß man Gefahren auch in Kauf nehmen, wenn das Leben einigermaßen erträglich gestaltet werden soll.

Wer ein paar Mal geschieden ist, weiß jede Menge Beispiele zu nennen. Werfen Sie einen Blick ins Büro. Sobald ein einigermaßen gut verdienender Mann wieder frei ist, ändern Scharen an Mitarbeiterinnen ihr Verhalten und buhlen um die Gunst der »Geldquelle«! Nach einer anständigen Scheidung kann ein erwachsener Mann sein Ding zum Hornhautwuchs strapazieren, so bereitwillig dienen sich ihm die Damen an. Während bis zum dreißigsten Lebensjahr die Möglichkeiten der Triebregulierung vom guten Willen der femininen Seite abhängen, so ändert sich das in den Jahren danach. Um die sexuellen Möglichkeiten allerdings richtig beurteilen zu können, muß man schon mal ein paar Jahre verheiratet gewesen sein. Denn nur der Ex-Ehemann ist in der Lage, das andersgeartete Denkprinzip von Frauen auch nur annähernd zu begreifen.

Ein normales Mannesleben reicht allerdings nicht aus, um die Frauen restlos zu verstehen. Einige Dinge sind dem Mann aber auch zuwider: Wer Charakter hat, dem gehen zum Beispiel Schönheits-Komplimente an eine häßliche Frau einfach nicht über den Kehlkopf. Es gibt allerdings auch abgefeimte Burschen, die für einen Erguß nach dem Motto leben: »Gefickt wird, was rauh vorm Arsche ist.« Der normale Mann will auf schnellem Weg zum Ziel gelangen. Weil er die Weiberwelt um ihn herum als »aufregend geil« erlebt, produziert sein Körper ständig eine Riesenzahl dieser kleinen Samenfäden. Die Frauen sorgen ja auch dafür, daß die Produktion auf Höchsttouren verläuft. Eigentlich gibt es ja praktischere Kleidungsstücke als Miniröcke, durchsichtige Blusen, hautenge Jeans, geschlitzte Röcke und Kleider mit tiefen Ausschnitten. Aber wer ein Büro betritt, in dem einige jagdbare Junggesellen arbeiten, wird das Gefühl nicht los, sich in einem Bordell zu befinden, so lustbetont und aufregend ist die Dekoration der Damen...

62

Dazu der Duft, der durch die Räume schwebt, Hautcreme reicht bekanntlich zur Gesichtspflege – warum nur muß die Fassade mit einem ganzen Arsenal an Chemikalien auf puppenhafte Schönheit getrimmt werden?

Interessant ist dabei, daß die verheirateten Frauen im Büro deutlich als solche auszumachen sind: Da fehlt der Putz, da fehlt der Schlitz im Kleid, und der Busen ist züchtig bedeckt. Nun, die sind ja auch bereits versorgt und haben es nicht mehr nötig, auf sich aufmerksam zu machen.

Nun leiden Männer kaum unter der Tatsache, daß sie permanent angemacht werden. Vielmehr genießen sie diese Situation. Denn die Ejakulationsfähigkeit ist ja doch begrenzt: Zum einen fordert der Beruf den ganzen Mann. Es ist unmöglich, jeden Abend auf Jagd zu gehen. Zum anderen beschränkt sich die Orgasmusfähigkeit auf durchschnittlich zweimal. Dabei ist der erste zwingend notwendig, um den körperlichen Trieb zu befriedigen. Er würde auch ausreichen, um die Strichliste im Kopf zu befriedigen. Aus Sportgeist allerdings bietet der Bumser mit einem zweiten Akt der Partnerin die Möglichkeit, ihre eigenen Reserven zu mobilisieren. Zwingend notwendig ist beim Mann der zweite Durchgang nicht.

Die nicht enden wollende Erotisierung zu jeder Zeit und an jedem Ort ist eine wirklich dankenswerte Erfindung der Frauen, daß die begrenzte Ejakulationsfähigkeit durch die permanente Stimulierung bis zum Maximum gesteigert wird: Die Gedanken um dieses Thema sind übrigens für die gereifte männliche Sexualität interessanter als der tatsächliche Akt. Denn die Gedanken sind frei und können in unendlicher Variationsbreite ausgelebt werden. Aber was viel wichtiger ist: Man muß beim Denken nicht so angestrengt engagiert tun wie beim realen Koitus.

Die sexuelle Stimulans muß aber doch irgendwie und irgendwann bei einer Frau abreagiert werden. Weil sich das weiß, bleibt für jede Frau immer eine gewisse Chance, durch sexuelle Kontakte mal den Mann fürs Leben zu ergattern. Mit steigendem Alter dünnt sich der Markt allerdings zusehends aus. Da sind zunächst einmal die Homo- und Bisexuellen – glatte 8 Prozent der männlichen Bevölkerung, die nur ein mäßiges Intresse am Weib haben. Darüber hinaus sterben Männer früher als Frauen, weil Wein, beruflicher Streß, Weib und Gesang doch sehr an der Lebenskraft zerren. Hinzu kommt die leichte Überproduktion an Schmollmund-Geschöpfen. Und letztlich liegt das Sexual-Eintrittsalter bei Männern mindestens drei Jahre später als das bei Frauen. Problematisch für die Frauenwelt ist sicherlich auch die Tatsache, daß ihre sexuelle Attraktivität mit steigendem Alter deutlich nachläßt. Der Endfünfziger, der eine Mittfünfzigerin mit den Augen auffrißt, hat bestimmt Seltenheitswert...

Nicht zu unterschätzen ist aber auch, daß Frauen noch nie eine Solidargemeinschaft gebildet haben. Während junge Böcke dem alten Leithammel nie das Revier streitig machen würden, ist das bei der Gegenseite völlig anders. Hier schert sich die junge Mieze keinen Deut um die lebenserfahrene Katze, sondern kämpft mit Krallen und Zähnen um ihren Vorteil. Ehrfurcht vor der Hierarchie ist Frauen fremd.

Ein Junggeselle kann also in der Tat aus dem Vollen schöpfen, wenn es darum geht, sich vom Überdruck im Genitalbereich zu befreien. Während junge Männer noch den ganzen Leidensdruck über sich ergehen lassen müssen, den junge Tyranninnen mit Wonne erzeugen, hat das gestandene Mannsbild jetzt den vollen Zugriff. Das Angebot ist enorm. Sollte er doch einmal nichts Rechtes finden, so gibt es in der Nähe offene Häuser, in denen man gegen ein geringes Entgelt ein ganzes Sortiment zunächst begutachten und dann so problemlos buchen kann wie einen Besuch im Zirkus. Ist es nicht schön, ein Mann zu sein...?

Nur die, die das Spiel noch nicht richtig kennen, gehen schon um acht in die Disco. Die scheiden allerdings um Mitternacht aus, weil der Alkohol sie bis dahin benebelt hat. Und besoffen ist der Trieb unkontrollierbar, die Aussprache wird schlecht, und vor allem riecht man schlecht.

Der Profi geht erst spät abends los. Die ganz Raffinierten legen sich um sieben Uhr abends schlafen, stellen den Wecker auf 23 Uhr und gehen nach einer Tiefschlafphase von vier Stunden gesund und nüchtern auf die Pirsch! Wenn die dann um Mitternacht an der Theke stehen, wirken sie optisch frisch, sind nüchtern und eloquent und vermitteln den Eindruck höchster Vitalität. Man braucht nur noch gezielt aus dem aufmarschierten Angebot das Beste zu wählen. Bei der beginnenden Paarung zeigt man sich von seiner besten Seite, weil man immer noch wach und immer noch einigermaßen nüchtern ist. Solche Kerle haben natürlich den Duschvorgang zu Hause dazu benutzt, den sexuellen Überdruck loszuwerden. So läßt sich der Sexualvorgang zur beiderseitigen Freude verlängern und vermittelt der Auserwählten das Gefühl, den wahren und einzig richtigen Spaß-Macher im Arm zu halten.

Bei der Auswahl der Schönen schätzt der Routinier natürlich ab, welche ihm den meisten Lustgewinn verspricht. Es hat wenig Zweck, gleich die Nächstbeste zu wählen. Denn so vielfältig wie die Auswahl, so vielfältig ist auch die Leistung. Trotz der schummrigen Beleuchtung muß der Kerl genau erkennen, was ihm sexuell die höchste Stimulans verspricht. Angesichts der Aufmachung ist es oft schwer, genau zu erkennen, ob das Objekt den Gourmet-Ansprüchen des Erotikers entspricht. Schönheit ist dabei relativ, auch wenn Frauen da anderer Meinung sind.

Triebfördernde Faktoren kristallisieren sich im wesentlichen aus fünf Bereichen heraus, wobei die Reihenfolge eine Prioritätsskala darstellt: Da ist zunächst des Mannes liebstes Spielzeug: der Busen. Hier hat jeder irgendwelche tiefenpsychologischen Wunschvorstellungen, auf die er abfährt. Es gibt hier glücklicherweise kein Schönheitsideal. Das einzige Kriterium, das allgemein geschätzt wird, ist das Volumen. Der überwiegende Teil der Männer bevorzugt auf jeder Seite mindestens ein strammes Pfündchen. Wenn ihm die von ihm favorisierte Form der Titten geboten wird, nimmt er leicht andere optische Nachteile in Kauf. Nur bei den Titten ist er kompromißlos. Von ihrer Qualität ist sein Lustgewinn doch ganz wesentlich abhängig. Es gibt – nochmals betont – keine Idealform, an der sich die Männer orientieren. Da gibt es die Freaks, die die kaum wahrnehmbare knabenhafte Brustpartie bevorzugen, da gibt es aber auch geile Böcke, denen der Anblick schwer durchhängender Apparate den Blutdruck in die Höhe treibt. Das Problem ist, die Proportionen im Kneipendunst richtig abzuschätzen. Bewährt hat es sich, am Kopfende der Theke zu sitzen, um das Potential in der Seitenansicht vor sich zu haben.

Ein zweites Kriterium ist die allgemeine Proportion. Männer haben da ebenfalls ganz spezifische Ideale. In dem einen steckt ein kleiner Päderast, dem an zarten Liliengewächsen gelegen ist. Der andere wiederum hat gerne die handfesten Sachen im Visier und ergötzt sich an kräftig gebauten Fregatten. Wichtig ist allerdings, daß das proportionale Zusammenspiel der einzelnen Körperteile in einem ausgewogenen Verhältnis steht. So hat die Dame mit dem schrankgroßen Hinterteil und dem schmalbrüstigen Vorderteil doch erheblich weniger Chancen als ihre Konkurrentin, die in den Abmessungen harmonisch ist. Auch Po und Beine sind von Wichtigkeit. Das gut geformte Bein und der kugelrunde Po sind in der Gesamtbeurteilung wichtig, haben aber nicht den spezifischen Stellenwert, den die Titten haben.

Eher sekundärer Natur ist das Gesicht oder gar der Intelligenz-Quotient. Denn mittels Kosmetik kann man selbst aus einer traurigen Fassade noch ein ansehnliches optisches Stück zaubern. Und was die Intelligenz betrifft, so ist sie für die Zwecke, um die es hier geht, ohne jeden Belang. Er möchte bumsen und nicht diskutieren. Und an dieser Stelle darf eine Lebenserfahrung nicht fehlen, die vom Vater auf den Sohn weitergegeben wird und die männlichen Chauvinismus nachdrücklich charakterisiert: »Dumm bumst gut.«

Intelligenz ist also eher ein Nachteil, wenn sie zu deutlich wird. Der Gedanke, die halbe Nacht über Chauvinismus und Feminismus diskutieren zu müssen, schaudert den wahren Mann. Einer rhetorisch geschulten Frau Paroli bieten zu müssen, ist eine bei gegebenem Anlaß entsetzliche Vorstellung. Besonders frustrierend ist, daß solche ermüdenden Diskussionen letztlich zu nichts führen. Einerseits machen sie müde und reduzieren die Zeit für den Lustgenuß. Andererseits dämpft dieses Intelligenz-Gerede die Triebhaftigkeit.

In bezug auf das Gesicht ist eine bescheidene Einschränkung noch nötig: Wenn zu erwarten ist, daß man keine Gelegenheit findet, nach vollzogenem Akt die Kurve zu kratzen, wird der Liebhaber dieses Merkmal doch eingehender beurteilen. Vielleicht ist man in einer fremden Stadt, hat kein Auto, eine schlechte Zugverbindung, oder das Geld fürs Taxi ist knapp. In solchen Fällen wird man bei ihr schlafen müssen. Das heißt, man wacht am frühen Morgen neben dem Weib auf, das man in der Nacht unglaublich sündig erlebt hat.

Und der erste Blick am frühen Morgen kann eine herbe Enttäuschung sein. Denn wenn sich die Alkoholnebel verflüchtigt haben und der Putz über Nacht von der Fassade der Geliebten abgeblättert ist, wird sich im fahlen Grau des frühen Morgens ein irreparabler Schock einstellen. Die Schönheit der Nacht entpuppt sich als verwaschenes Etwas. Da Männer im höchsten Maße sensibel sind, können solche Erlebnisse durchaus psychische Dauerschäden hervorrufen.

Allerdings wird der Profi vor dem Abenteuer alle Eventualitäten, die eine Rückkehr ins eigene Schlafzimmer behindern könnten, aus dem Weg geräumt haben, so daß die Wahrscheinlichkeit bleibender Schäden als recht gering einzustufen ist.

Das hier beschriebene Ritual kann in dauernder, lebendiger Abwandlung wiederholt werden. Mit steigendem Alter und Wohlstand funktioniert es immer besser. Denn je reifer der Mann wird, desto höher werden seine Chancen, in Sachen Sex fündig zu werden. Das liegt ganz eindeutig in seinem kommunikativen Gesamtauftritt: Er strahlt Souveränität aus, wirkt geläutert und vor allem wirtschaftlich gesund. Er bietet damit alles, was die noch nicht verehelichten Frauen sich in langen heißen Träumen gewünscht haben. Vor einer Gefahr ist er allerdings nie gefeit: Solange er auf Pirsch geht, kann es passieren, daß er doch bei einer hängenbleibt. Und dann treten leider genau die Mechanismen ein, die den jungen Mann fertigmachen. Davor schützt auch kein graues Haar den alternden Jägersmann.

7
Der flotte Dreier und andere Amüsements

Wenn der junge Triebabhängige es gelernt hat, mit dem Steuerungssystem zwischen den Beinen zu leben, kann er zur höchsten Vollendung gelangen. Männer, das klang ja verschiedentlich schon durch, haben eine besondere Begabung, aus jeder Situation das Beste für sich herauszuholen. Das machen sie einerseits aus ganz persönlichem Eigennutz, andererseits aber auch aus der logischen Erwägung heraus, daß das Leben zu kurz ist, als daß man sich ständig über irgend etwas ärgern sollte. Während die Frau zum Beispiel den Streit sucht, weil er bei hinreichender Bewegungsarmut eine schlaffördernde Müdigkeit bewirkt, konzentrieren Männer ihre Kräfte eher auf aufbauende Tätigkeiten, wenn sie Probleme mit dem Einschlafen haben.

Solche Beispiele für unterschiedliches Denken zwischen Mann und Frau sind allseits bekannt. Jeder Mann, der sich dem Zugriff einer Ehefrau entzogen hat, versucht nun, seine Triebsteuerung in gezielte Bahnen zu lenken. Nur ja keine falsche Energie entwickeln! Das Kopulationsbedürfnis muß gelenkt werden, da es sich nicht abschalten läßt. Zunächst einmal wird ein intelligenter Mann versuchen, seine Befruchtungsfähigkeit einigermaßen einzudämmen. Die Partnerinnen kommen ihm dabei entgegen, indem sie täglich kleine weiße Kügelchen futtern, die als Ovulationshemmer wirken und das Risiko einer Schwangerschaft erheblich eindämmen. In jüngster Zeit kam dem aktiven Mann auch die Lustseuchen-Diskussion zur Hilfe. Weil Frauen in der Regel ängstliche Gemüter sind, zeigt die Popularität dieses Themas ihre Wirkung, und die bumswilligen Frauen haben die Verhüterli vorsorglich im Umhängetäschchen. Das gibt doppelte Sicherheit.

Die ausreichende Versorgung mit Wohnraum und vor allen Dingen die in Deutschland sehr gute schallisolierte Bausubstanz sind weitere wichtige Kriterien für eine hemmungslose Triebentfaltung. Hinzu kommt eine gute Infrastruktur: Taxen, Kneipen, ein ausreichendes Hotelzimmer-Kontingent und stadtnahe Wohnbereiche – alles zur gefälligen Disposition. Selbst die Stimulantia wie Zigaretten, Champagner und Faßbier sind zu bescheidenen Preisen überall zu haben.

Um es auf einen Nenner zu bringen: Deutschland ist eine Art Schlaraffenland für jeden praktizierenden Chauvinisten. Noch nie war es so preiswert und so einfach, den Trieb in allen nur möglichen Facetten auszuleben. Die totale Liberalisierung des Sexuallebens ist ein Verdienst unserer politischen Szene: Ganze Regalwände an entblößter Weiblichkeit lächeln verführerisch von den Kiosken. Straßenzüge voller Peep-Shows laden zum Lustgenuß. Seitenlang bieten sich Damen gegen bescheidenes Honorar als Lustspenderinnen an. Deutsche Wirtshäuser sind rammelvoll mit lüstern dreinschauenden heiratswütigen weiblichen Geschöpfen. Büros sind eine Augenweide für Erotik-Fetischisten. Es ist wirklich eine Freude, in diesem Lande Mann zu sein.

Nun muß man an dieser Stelle einmal mit dem Aberglauben aufräumen, daß sich angesichts der Angebotsfülle die Kopulationshäufigkeit der Männer extrem gesteigert habe. Keinesfalls! In erster Linie spielt sich der Sex immer noch im Kopf ab.

Das breite Erotikangebot führt dazu, daß der Mann sich seinem zweitwichtigsten Hobby, dem Arbeiten, erheblich besser widmen kann. Er muß nicht mehr allzuviel Zeit aufwenden, um in den Genuß sexueller Freuden zu gelangen. Die Existenz der vielen Video-Peep-Shows im Bahnhofsbereich ist hierfür ein Indiz: Für knappe fünf Mark kann sich jeder binnen Minuten aus rund 100

Filmen, die die Lust versprechen, den heraussuchen, der ihm für die persönliche Stimulans am ehesten zusagt. Und in Sekundenschnelle hat er sein persönliches Lusterlebnis hinter sich gebracht und kann sich in Ruhe wieder seinen höheren Zielen widmen. Noch vor einem Vierteljahrhundert hätte er zu diesem Zweck tagelang in dunklen Kanälen nach diesen Möglichkeiten forschen müssen und viel Geld und vor allem viel Zeit investieren müssen. Es ist wie bei so vielen Dingen im Leben: Wissen, daß man kann, ist schon die halbe Befriedigung! Die vermeintlich ausufernde Sexualität hat in keiner Weise dazu geführt, daß Männer nur noch mit spermagetrübter Netzhaut durch die Lande ziehen und wie wild um sich herum ejakulieren. Das Vergnügen, wählen zu können, hat sie zu Gourmets gemacht.

So hat die Versklavung des Ehemanns auch gewisse Grenzen erhalten. Während seine Frau zu Hause meint, daß er nach der anstrengenden Mittagsschicht unter der Betriebsdusche seinen Körper reinigt, liegt er indessen mit einer Hostess gemütlich in der Badewanne und läßt sich unter dem Schaumteppich verwöhnen. Oder er hat die Mittagspause dazu benutzt, statt »Leber mit Püree« den Pornofilm »Leda im Schnee« zu genießen.

Der Zwang, es unbedingt zu Hause machen zu müssen, hat sich damit von selbst erledigt. Je nach Einkommen und Zeit stehen dem Mann von heute alle Variationen des Vergnügens zur Verfügung. Die Ehe hat die Schrecken verloren, die sie in früheren Jahren hatte, weil die Mobilität, die Trennung zwischen Schlafen und Arbeiten und die flexible Arbeitszeit dem Mann das Eigenleben zurückgegeben haben, das er verloren hatte.

Nun würde das Ganze nicht funktionieren, wenn die Frauen sich wirklich als Solidargemeinschaft mobilisiert hätten. Diese Versuche, die es zu allen Zeiten, bei allen Generationen gab, haben jedoch nie funktioniert. Schon immer gab es Frauen, die von der Männerwelt ignoriert wurden und sich als Fürsprecherinnen der vermeintlich versklavten Frauenwelt aufspielten. Prozentual fällt diese Minderheit überhaupt nicht ins Gewicht. Die Masse der Frauen will heiraten und die Ressourcen des Mannes zur Sicher-

70

stellung eines bequemen Lebensabends ausschöpfen. Und die, die am lautesten schreien, daß das nicht der Fall wäre, hören sofort auf mit Schreien, wenn der Coup gelungen ist und sie ihren Hammel vor den Traualtar gezerrt haben.

Wer in der Redaktion von Männerzeitschriften gearbeitet hat, weiß um die Waschkörbe voller Sexfotos, mit denen junge Mädchen auf sich aufmerksam machen wollen. Weiblicher Exhibitionismus grassiert ungeheuer. Die Einblicke, die Hunderttausende von tugendhaften Mädchen den Redakteuren dieser Postillen gönnen, sind bemerkenswert. Ganze Fotogroßlabors müßten schließen, wenn es diese Lawine geballter Selbstdarstellungswut nicht mehr gäbe. Für Hunderttausende Frauen gibt es nicht Größeres, als ihre Rundungen und Reize im Rollenoffset millionenfach im Lande publiziert zu sehen.

Oder lesen Sie die Kontaktanzeigen in den Tageszeitungen. Hundert junger Damen zahlen lieber täglich 150,– DM, um einen Herren à 250,– DM für ein Schäferstündchen zu gewinnen, als sich acht Stunden im Büro oder am Frisörtisch abzuplagen. Nun ist die Tätigkeit, die sie in ihren Annoncen anbieten, auch wirklich leichter, weil sie *im Liegen* ausgeführt werden kann. Diese Ruhestellung des Körpers beim Akt ist vielleicht die einfache Erklärung dafür, warum Frauen in der Regel älter werden als Männer.

Auch die Zweitfrau ist wieder in Mode gekommen. Ein gut dotierter Geschäftsmann weiß um die Bequemlichkeit eines solchen Verhältnisses. Mätressen sind immer in Sonntagsstimmung. Man kann sich bei ihnen auf die wahren Genüsse konzentrieren und das heimische Geplärre für einige Stunden vergessen. Ein kleiner Kurzurlaub im Leben eines Mannes, der unglaublich stimulierend wirkt.

Sehr angenehm fällt auf, daß der allgemeine Wohlstand zu einer Angleichung des Gebens und Nehmens geführt hat: Der kultivierte Mann ist in der Lage, seine Bedürfnisse in Sachen Sex dem Angebot entsprechend zu honorieren. Früher mußte er hart dafür arbeiten. So kommt die kluge Frau, die ungern arbeitet und auch keinen Sinn darin sieht, das Bruttosozialprodukt aus eigenen Kräf-

71

ten zu vergrößern, auf relativ bequeme Art und Weise in den Genuß stattlicher Barschaften.

Es muß eigentlich nachdenklich stimmen, wenn für eine Tätigkeit, die man im Liegen ausführen kann und die nur einige Minuten dauert, doch immerhin netto in aller Regel steuerfrei 200,– DM zurückbleiben. Das macht bei 24 Arbeitstagen 4800,– DM aus! Das muß man als Mann erst mal verdienen! Dafür brauchen Sie immerhin ein Jahreseinkommen von 120 000,– DM.

Nach diesem kleinen Exkurs über die finanziellen Aspekte der Liebe sollte man zunächst einmal resümieren, daß die Welt im Grunde völlig in Ordnung ist. Angebot und Nachfrage haben sich auf ein marktwirtschaftlich vernünftiges Niveau eingependelt. Leider klingen für viele Menschen Schreckensmeldungen interessanter als positive Nachrichten: Mit Geschichten von den zum Sex gezwungenen Philippininnen beschäftigt man sich lieber, als mit der positiven Auseinandersetzung mit käuflicher Sexualität.

Hinzu kommt, daß sich immer eine Minderheit im Lande aufschwingt, um als Tugendwächter Moral, Sitte und Anstand der ganzen Nation zu manifestieren. Ob diese wirklich gefragt sind, darüber wird nicht diskutiert. Die Moralvorstellungen orientieren sich ausschließlich an unserem Kulturkreis. Nicht einer dieser Moralisten entwickelt ein kosmopolitisches Denken und betrachtet die Situation aus dem Blickwinkel der weiten Welt.

Tatsache ist und bleibt, daß der liberale Umgang mit der Sexualität weder den Frauen noch den Männern geschadet hat. Der trieborientierte Mann kommt schnell an das Ziel seiner Wünsche. Und die dem Orgasmus nicht sonderlich zugeneigte Frau kann aus dieser gottgegebenen Antriebskraft im günstigen Falle die Behaglichkeiten einer ehelichen Gemeinschaft und im ungünstigen Falle ein schnell und leicht verdientes Zubrot gewinnen.

Ehemann und Junggeselle können gleichermaßen aus dem Angebot des Marktes schöpfen. Der Ehemann erkauft sich die Suggestion von Lust und Leidenschaft, die ihm für sein Bares vorgegaukelt wird. Und der Junggeselle erlebt die ganze Vitalität noch »live«.

Jeder Macho ist immer wieder überrascht, zu welchen Aktivitäten Frauen in der Lage sind. Man könnte tatsächlich dem Glauben verfallen, daß es ihnen Spaß macht, wenn man sieht, wie intensiv sie sich im Paarungsgetümmel engagieren. Unheimliche Energien werden da freigesetzt, die man einer Frau gar nicht zutrauen würde. Nun gibt es tatsächlich einige, die in Sachen Sexualität ähnlich triebfreudig sind wie die Männer. Die meisten aber sind eher auf die möglichst feste Partnerschaft aus. Kopulation um ihrer selbst willen ist bei Frauen selten. Nur so ist es auch zu erklären, daß die Frau in der Lage ist, das Thema kommerziell zu erledigen und sich kräfteschonend an einem Abend vielen Herren zu widmen.

Sehr frappierend ist es, das weibliche Engagement bei abendlichen Aktivitäten zu erleben. Besonders Bürodamen, die sich tagsüber von einer schlappen, unproduktiven Seite zeigen, entwickeln eine unglaubliche Dynamik, wenn der Chef sie nach einem Betriebsfest noch freundlich bittet, ihm einen Geschlechtsverkehr zu gestatten.

Da geht wirklich die Post ab! Für den Mann in gehobener Stellung macht es keine Mühe, solche Freuden des Lebens zu erfahren. Man muß nur höflich fragen. Wichtig ist allerdings, daß die Intimität gewahrt bleibt. Hier zeigt sich der Meister. Nie würde der feine Mann im Beisein von Kollegen das Ansinnen zur Paarung an die Dame seiner Wahl stellen. Er wählt eine stille Minute, formuliert ganz blitzschnell seinen Wunsch, vereinbart schnell noch ein unauffälliges Abtreten aus der Festivität, und die Sache ist geritzt.

Die Dezenz ist von hoher Wichtigkeit für den harmonischen Ablauf des Beischlafes. Probleme sind bei distinguierter Vorgehensweise nicht zu erwarten. Die Dame läßt sich freudig decken und lebt fortan in dem Gefühl, den Arbeitsplatz gesichert zu wissen. Auf diese Weise werden in deutschen Büros abertausend Arbeitsplätze erhalten, obwohl die Arbeitnehmerinnen häufig nicht den Qualifikationsstandard besitzen, den der Job erfordert. Aber nicht nur der Boß, auch der gleichrangige männliche Kollege stößt nicht auf taube Ohren. Denn während sich die Kolleginnen mit höherem Qualifikationsstandard schwer abschuften und schnell häßlich werden, sind die Sex-Strateginnen vornehmlich bemüht, aus dem Kreise der Kollegen einen zur Scheidung zu überreden und den bequemeren Platz am heimischen Herd zu übernehmen. Allerdings muß man fairerweise auch sagen, daß es besonders auf Führungsebene mit Personalverantwortung dann und wann recht radikale Chefs gibt. Schläft die neue Kollegin mit ihnen, kündigen sie ihr, weil sie Angst haben, moralisch erpreßt zu werden! Und schläft sie nicht mit ihnen, bekommt sie erst recht die Kündigung...

Doch das sind eigentlich Extreme im deutschen Büroalltag, die als äußerst unfair angesehen werden. Auch gibt es immer mal einen Lehrling, der mit seiner Ausbildungsgenossin im Aktenkeller zur Sache schreitet. Manchmal legt ein gutsituierter Chef auch seine Sekretärin über den Schreibtisch oder fährt mit ihr bei einer Geschäftsreise von der Autobahn ab und in den Wald, doch sind solche sexuellen Pikanterien wirklich selten. Es ist eigentlich viel zu unbequem und etwas lächerlich, sich auf solche Karnickel-Situationen einzulassen. Der Bürobetrieb ist eher eine Balzbühne, auf der sich die Damen Tag für Tag neu in das richtige Licht setzen, um rund um den Chef eine erotische Grundstimulans zu erzeugen.

Nun liegt es allerdings auch an der Besetzung der männlichen Belegschaft, ob der Betrieb zur Liebesbühne umfunktioniert wird. Nur dort, wo die Damen eine Chance wittern, einen der Chefs umzulegen, erlebt man solche Erotik-Auftritte. Beißt keiner an, lassen die Eroberungsbestrebungen schnell nach, und alle versinken wieder ins Graue-Mäuschen-Dasein. Wehe aber, einer der Kollegen berichtet, daß er in Scheidung lebt. Dann donnern sich die potentiellen Bräute sofort wieder auf und ziehen in den Kampf, in der Hoffnung, Nachfolgerin werden zu dürfen. Dringt allerdings durch, daß sich der Kollege doch anderweitig entschieden hat, werden die Erotik-Fummel wieder in den Schrank gepackt und derbe Jeans werden bis zum nächsten Alarm wieder die tagtägliche Bekleidung.

Bleibt noch, den Grabscher im Büro zu definieren. Es gibt ihn tatsächlich. Aber nicht so, wie die Emanzen ihn immer wieder darstellen wollen. Denn kein Mann ist so verwirrt, daß er auf die Idee käme, daß eine angegrabschte Frau vor lauter Glück die Bluse hochreißt, um sich ihm in ihrer ganzen Körperfülle hinzugeben. Der gezielte Griff zur Brust oder zum Hinterteil gilt insbesondere Frauen, mit denen man sexuell gar nichts im Sinn hat. Der Grabscher entwickelt eine eigentümliche Mechanik, die eine späte Rache für das ist, was die Mädchen in jungen Jahren mit ihm gemacht haben: Sie machten ihm Hoffnung und ließen ihn dann mit seinen Gefühlen im Regen stehen. Jetzt macht er an, ohne was machen zu wollen.

Das ist einerseits verwerflich, andererseits aber auch menschlich verständlich: Denn Rache ist süß.

Im Büro passiert also vergleichsweise wenig, wenngleich ganze Legionen von jugendlichen Damen auf diesem Terrain die Chance suchen, den Mann fürs Leben zu angeln. Der tiefe Sinn des Bürodaseins ist für die meisten unverheirateten Büroschicksen der Wechsel von der Schreibmaschine an den häuslichen Herd. Nun weiß das jeder verheiratete Mann. Das heißt, er würde vom Regen in die Traufe geraten, wenn er sich nicht vor den berufsspezifischen Anfechtungen schützen würde. Da auf einen gutverdienenden Mann mindestens zehn Frauen kommen, die es auf ihn abgesehen haben, sorgt schon allein die Konkurrenz dafür, daß er nicht ernsthaft gefährdet wird.

Es ist dem Mann gar nicht möglich, alle die zu heiraten, die ihn heiraten wollen! Er hat also nur die Möglichkeit, die »Suggestion« einer möglichen Heirats-Chance zu vermitteln. Denn alles was er will, ist außerehelich vögeln... Im Notfall muß er besonders hartnäckigen Damen auch mal das Herz brechen, wenn sie partout nicht einsehen wollen, daß er eigentlich nur Sex sucht. Solchen Problemen geht man aus dem Weg, indem man es nicht nur mit einer, sondern gleichzeitig mit zwei Frauen treibt. Das macht unglaublich viel Spaß und signalisiert von vornherein Unverbindlichkeit. Denn bei einer solchen Triole kann keine der Damen auf die Idee verfallen, daß sie die Frau fürs Leben ist. Der Doppeldecker teilt seine Gunst gerecht zwischen beiden Partnerinnen und behält so das Ruder in der Hand. Besonders professionell geht er vor, wenn es ihm gelingt, die Mädels bei solchen Gelegenheiten zu gleichgeschlechtlichen Freuden zu bewegen. Die erotische Situation erleichtert das in den meisten Fällen. Dann ist er wahrhaft auf der Gewinnerseite. Denn plötzlich wird er nicht mehr als Deckhengst mißbraucht, sondern kann mit Genuß erleben, wie die beiden Umgepolten sich gegenseitig erfreuen. Und viel wichtiger: Jetzt ist das Partnerschaftsproblem auf eine völlig neue Ebene gehoben. Unser so taktierender Mann spart Energie, hat Spaß, bleibt jedoch Mittelpunkt und wird nie in die Verlegenheit kommen, in eine neue Zweisamkeit gezerrt zu werden.

Aus der Perspektive der Bürochefs fördert das auch das Arbeitsklima. Die beiden Kolleginnen verstehen sich nach einem solchen Erlebnis besonders gut. Wichtiger ist jedoch, daß sich das Engagement am Arbeitsplatz erheblich steigert. Denn der Gedanke von Teamarbeit ist den so motivierten Freundinnen nicht mehr fremd.

Nicht minder unverbindlich ist der Gruppensex. Der Verheiratete wird hierzu seltener Gelegenheit haben, weil seine Episoden sich eher im verborgenen abspielen. In der Single-Landschaft ist jedoch die im Volksmund auch »Rudelbumsen« genannte sexistische Spielart von hoher Aktualität. Auch diese Betätigung ist ein Produkt der Männerphantasie und ist inzwischen bestens etabliert. Zunächst einmal besitzt sie eine enorme Stimulans auf die männliche Hormonproduktion. Im Kreise Gleichgesinnter zur Sache zu schreiten sorgt dafür, daß man tatsächlich auch noch nach dem zweiten Schuß ein Lustbedürfnis hat, was beim Akt zu zweit kaum vorkommt. Diese Mehrfachkopulation macht wirklich Freude. Wichtiger ist jedoch, daß mit größer werdendem Kreis zwar der Paarungstrieb steigt, aber die Gefahr verbindlicher Bindungen nahezu auszuschließen ist. Keine der Teilnehmerinnen wird nach durchvögelter Nacht glaubhaft machen können, daß sie das nur getan hat, um einen einzigen Mann zu verführen. Und kein Mann fühlt sich verpflichtet, sich auf emotionale Folgen einzulassen, deren Ergebnis er ja bereits kennt.

Aus diesem Grunde hat sich das Geselligkeitsrammeln äußerst rasch entwickeln können und gehört bei der Single-Szene ab dreißig zum nicht mehr wegzudenkenden Wochenend-Vergnügen. Es entspricht zwar in keiner Weise den Wünschen der Frauen, denn die begreifen schnell, daß hier jede Verbindlichkeit fehlt. Mangels Alternativen bleibt aber oft nichts anderes übrig, als gute Miene zum bösen Spiel zu machen, um die Zeit nicht ganz inaktiv zu vertrödeln.

Bei der Zusammenstellung der Stroßtrupps ist es wichtig, daß die Zahl der Mitstreiter ungerade ist. Von Vorteil ist der zusätzliche Mann, damit das Spiel nicht mangels körperlicher Leistungsgrenzen der Männer zu schnell ein Ende findet. Durch den zusätzlichen Mitstreiter wird ein weiterer wichtiger Oberflächlichkeitsimpuls gesetzt, der es schwer macht, daß die Frauen »Beziehungskisten« aufzubauen suchen.

Das Leben ist also äußerst erfreulich für einen Mann, der seine Triebhaftigkeit zu steuern gelernt hat und geschickt genug ist, den latenten Heiratsversuchen auszuweichen. Besonders angenehm ist, daß ihm allerorten auch das schnelle Sexualvergnügen geboten wird, ohne daß dabei Damen direkt im Spiel sind. Ein preiswertes Vergnügen bereiten zum Beispiel Peep-Shows. Diese Einrichtungen werden zwar als frauenfeindlich angesehen, jedoch gibt es hinreichend viele liberal denkende Menschen, die den hohen Nutzen dieser Etablissements zu schätzen wissen. Kostenmäßig vertretbar, absolut hygienisch und äußerst rationell wird hier dem Mann, der sich gern mal mit sich allein beschäftigen will, die Möglichkeit hierzu gegeben. Besonders zufrieden sind die Frauen, die sich diese Arbeitsstelle ausgesucht haben. Sie können ihrer liebsten Beschäftigung, dem ungestörten Herumliegen, nachgehen, die zweitliebste Beschäftigung des »sich im Spiegel betrachten« nutzen, müssen nicht diese unsympathische Kopulationswut des Mannes über sich ergehen lassen und verdienen in wenigen Minuten in der beliebten Ruhestellung Summen, die erheblich höher sind als das Gehalt, das für einen Bürojob gezahlt wird.

Deshalb würden auch mehr Frauen dieser ruhevollen Tätigkeit

nachgehen, wenn es mehr Einrichtungen dieser Art gäbe. Leider haben jedoch Frauen bis heute noch keine wirklichen Frauenrechtlerinnen zur Verfügung, die sich dafür einsetzen, Einrichtungen und Ideologien zu vertreten, die dem Bequemlichkeitsdenken ihrer Geschlechtsgenossinnen entgegenkommen. Es ist eine höchst bedauernswerte Tatsache, daß sich im Gegenteil einige Frauen aufschwingen, um eine Gleichstellung zwischen Mann und Frau voranzutreiben. Ein unglaublicher Gedanke, daß eine Frau auch so hart arbeiten muß wie ein Mann. Glücklicherweise setzen sich solche unnatürlichen Ansichten kaum durch.

Die Peep-Show ist bei Männern beliebt und keineswegs ein Ort, in dem nur Kerle verkehren, die ein gestörtes Verhältnis zu Frauen haben. Man muß dazu wissen, daß ein wahrer Mann oft einfach keine Lust hat, mit einer Frau zu reden. Er möchte unbelastet und in Ruhe seine Sexualität pflegen und selber bestimmen, wann, wo, wie und unter welchen Umständen er den Höhepunkt hat. Sex könnte oftmals viel schöner sein, wenn nicht das ständige Gerede wäre. In der Peep-Show ist ihm eine solche Möglichkeit gegeben: rundherum Gleichgesinnte. Eine propre Auswahl an Damen. Zuvor die Möglichkeit, ein Objekt auszuwählen, das den erotischen Vorstellungen am ehesten gerecht wird. Da lacht das Herz!

Gleiche Freude empfindet der Mann, wenn ihm Gelegenheit gegeben wird, in besinnlichen Stunden und mit der stimulierenden Unterstützung einiger Sex-Blätter Hand an sich zu legen. Oh nein, auch dieser Typ Mann ist nicht so gestört, wie manche fortschrittlichen Menschen uns Glauben machen wollen, sondern möchte sich in Ruhe seinem Körper widmen. Weil er diesen am besten kennt, klappt's auch am besten. Die gewisse Stimulans vermitteln ihm da die vielfarbig gedruckten Pin-up-Mädchen, die er zu Hunderten in Zeitschriften findet. Ein tolles Vergnügen, zu selektieren, zu sondieren, die Wahl zu treffen und sich dann in Gedanken mit dem idealen Weib zu vereinigen!

Alles in allem hat diese Art Sex eigentlich nur Vorzüge. Man braucht keine lange Vorbereitungszeit, man muß sich nicht »fein« machen, und man kann jederzeit zur Sache gehen. Im Endergebnis ist der Lustgewinn ebensogroß wie bei der aktiven Zusammenarbeit mit einer Dame des Herzens. Die Onanie ist wahrhaft keine Ersatzbefriedigung, wie Frauen uns immer wieder einreden wollen, sondern ein ernsthaftes Instrument des persönlichen Lustgewinns.

Selbst Woody Allen hat das schon festgestellt:»Onanie, das ist wenigstens Sex mit jemand, den ich liebe.« Verständlicherweise ist ein solches Verhalten den Frauen ein Dorn im Auge. Jeder Mißbrauch mindert die Chancen einer Frau, an den Mann zu kommen, und ist schrecklicher Beweis, daß der Mann durchaus in der Lage ist, auch ohne Vagina zu großem Vergnügen zu gelangen.

Aus diesem Grunde wird das gesellige»Klopfen«, wie Männer es bezeichnen, bekämpft wie die Pest. Im festgefügten Ehe-Haushalt dürfen Zeitungen mit nackten Mädchen erst gar nicht auftauchen. Schlimm genug ist schon, daß jetzt auch brave Zeitschriften ab und an ein nacktes Mädel zeigen. So bleibt dem braven Ehemann nichts anderes übrig, als sich mit der Lektüre auf Geschäftsreisen zu versorgen oder sie im Hobbykeller zu verstecken, um sich nicht in endlos langen Diskussionen sagen lassen zu müssen:»Du hast mich nicht mehr lieb...«

Wie auch immer: Von der lustvollen Betätigung mit sich selbst wird sich weder ein junger noch ein alter Mann abbringen lassen, dafür ist es viel zu angenehm und viel zu unproblematisch. Es ist eigentlich schade, daß diese Betätigung nur ein Stein im Baukastensystem des sexuellen Verhaltens ist. Zwischendurch ist es doch vonnöten, daß die hier ausgelebten Gedanken in natura nachvollzogen werden.

Mann zu sein ist besonders in den neunziger Jahren ein überaus glücklicher Umstand, wie jeder bestätigen wird, der da unten einen kleinen Kameraden mitbekommen hat, für den er meist auch einen liebevollen Namen hat. Der eine nennt in Paul, der andere nennt ihn Sir. Er gehört zum männlichen Dasein und sorgt in erheblichem Maße für die Belebung des Alltags. Man kann ihn zum Hobby erklären und seine ganze Aufmerksamkeit auf ihn konzentrieren. Oder man führt ihn an der kurzen Leine, wenn die

Lebensumstände für seinen Einsatz gerade nicht ganz glücklich erscheinen. Auf jeden Fall ist er ein ganzes Leben dabei und sorgt dafür, daß Männer die Frauen doch einigermaßen ertragen können. Denn ohne den Lümmel würden wir uns wieder verhalten wie die kleinen Jungs im hormonfreien Alter...

8
Dessous, Duft und anderes Gedöns

Es ist ein Kreuz, als Frau auf die Welt zu kommen. Die Möglichkeiten, das Leben beherzt anzupacken und daraus das Beste zu machen, sind einfach zu begrenzt. Es wird wahrscheinlich nie einem Manne gelingen, sich in die Mysterien weiblicher Denkweise einzuarbeiten. Jede Frau denkt anders, verhält sich anders, artikuliert sich anders. Die einzigen Elemente, die für alle gleichermaßen zutreffen, sind Unlogik und Unberechenbarkeit. Es ist nicht einmal möglich, den Frauen vorzuwerfen, daß sie »so« sind, denn darauf würden sie dann antworten: »Das ist doch genau das, was Du so sehr an mir liebst...« Und Peng! ist man wieder am Ausgangspunkt der Diskussion.

Der rechte Mann hat eigentlich nur die Möglichkeit, die Frau in ihrem unkontrollierbaren Tatendrang zu bremsen. Denn alles, was sie in Bewegung setzt, muß ja letztlich von ihm bezahlt werden. Nun wird eine Frau sich nie darüber Gedanken machen, wer denn das ganze Geld heranschafft. Es ist wie durch ein Wunder immer da und steht zur Disposition. Zum Geld hat sie sowieso eine gestörte Beziehung: Entweder hortet sie es und traktiert die ganze Familie mit ihrer Sparsamkeit, oder sie wirft es zum Fenster hinaus. Eine einigermaßen ausgewogene Finanzpolitik, die von Bedürfnissen, Investitionen, Notwendigkeiten getragen wird, ist einem weiblichen Gehirn nur schwer abzuverlangen.

Mit dieser Mentalität kann sie im Rahmen einer Zweisamkeit erheblichen Schaden anrichten, den dann der Mann durch Mehrarbeit kompensieren muß. Es hat auch keinerlei Sinn, mit ihr über irgendwelche Fehltritte zu diskutieren, weil sie ihm dann in der ihr eigenen Logik vorhält, er hätte in seiner Jugend zuwenig für seine Ausbildung getan und würde deshalb viel zu wenig verdienen. Und so liegt der Schwarze Peter wieder bei ihm: dem Ernährer. Nicht bei ihr liegt die Schuld, wenn die Kasse leer ist, sondern bei ihm, der aufgrund mangelnder Ausbildung nicht in der Lage ist, einen angemessenen Lebensstandard zu sichern.

Solche und ähnliche Situationen prägen den deutschen Ehealltag und sind letztlich ein Grund, warum so viele Männer sich dem außerehelichen Lustvergnügen widmen, um wenigstens mal auf andere Gedanken zu kommen.

So hält sich denn in der Frauenwelt auch beharrlich der Aberglaube, daß es gewisse Stimulantia gibt, um Männer bei Laune zu halten. Es gibt partout keine Frau, die einfach mal begreifen will, daß ihre erotische Wirkung nach wenigen Monaten Ehe einfach nachgelassen hat. Jede ist der festen Überzeugung, daß der Mann, den sie da vor Jahren geangelt hat, bis ins hohe Alter scharf auf sie sein müßte.

Keine will hören, daß nicht ihr besonderer Charakter es war, der ihn angetörnt hat, sondern die Chance zur sexuellen Betätigung. Ihn interessierte das Sexobjekt. Und nur dieses. Es war eine Frage des Zufalls. Jede Ehe ist ein Produkt reinster Zufälligkeit. Wäre »Sie« es nicht an diesem Abend gewesen, die ihm ihr Ding hingehalten hätte, dann wäre es eine andere gewesen. Nicht ein einziger Mann geht abends »auf die Walze«, beseelt von dem Wunsch, noch an diesem Abend die Frau für's Leben kennenzulernen. Er möchte seinen Trieb abreagieren, und sonst nichts.

Der Gedanke, daß er mit der Dame, die er an diesem Abend kennenlernt, eventuell auf Dauer zusammenleben muß, kommt ihm überhaupt nicht in den Sinn.

Daß die Situation sich dann anders entwickelt – für die Frauen eine glückliche Fügung des Schicksals – ist weder geplant noch gewollt. Weil der Mann also am liebsten jeden Abend losgehen würde, um so ein haariges Dreieck zu erobern, kann er doch nicht plötzlich anders reagieren, nur weil er einen Trauschein unterschrieben hat, der dann in irgendeiner Schublade vor sich hingammelt. Warum in aller Welt sollte mit der Existenz eines solchen Scheins plötzlich eine völlig neue Ära eingetreten sein? Frauen wollen das nicht hören, sind Weltmeister im Verdrängen von Realitäten. So verfallen sie dann auf die fixe Idee, daß es möglich sein müßte, Papa immer wieder aufs neue zum Deckakt als Liebesbeweis zu animieren.

Die Ausübung der ehelichen Pflichten gilt immer noch als Beweis dafür, daß die Ehe funktioniert. Solange Papa bockt, bleibt er bei der Fahne. Das ist die landläufige Meinung bei Millionen Haus-Besorgerinnen. Es kommt ab einem gewissen Ehealter auch nicht mehr auf die Länge und Intensität an, sondern nur darauf, daß es überhaupt funktioniert. An diesen Parameter lesen Heerscharen von Ehefrauen nicht den Gunstbeweis, sondern die Garantie ab, versorgt zu bleiben.

Wenigstens einmal die Woche muß er es bringen, koste es, was es wolle. Und es kostet viel. Denn was macht die kluge Frau. Sie erinnert sich, daß er damals ganz scharf war, als sie zum ersten Mal ihr Höschen abstreifte und den BH löste. Sie weiß noch ganz genau, wie ihm der Schweiß auf der Stirn und das Ding zwischen den Beinen stand. Und sie hat immer noch deutlich vor Augen, wie er den Tropfen Parfüm erschnüffelte, den sie geschickt in den Haaransatz geträufelt hatte. Das ist es also, was Männer wollen. Die kleinen Accessoires fesseln ihn auf alle Zeiten magisch an sie.

Nicht eine wird je begreifen, daß der voll im Saft stehende Junghengst sich keinen Deut um die Bekleidung gekümmert hat. Er war damals nur froh, daß die Klamotten endlich vom Leib waren, daß er zur Tat schreiten konnte. Erst dann hatte er erreicht, was er erreichen wollte! Da stand sie nun vor ihm in der ersehnten Nacktheit. Endlich konnte er seinen sexuellen Notstand beenden! Also Mädels, so lernt's doch mal: Es sind nicht die Höschen, sondern das, was sich darunter verbirgt!

In Erinnerung an die erste Nacht und an die vielen folgenden Nächte, die man als gestandene Frau über sich ergehen lassen muß, bis man den richtigen geschnappt hat, versucht man im Ehelager die alten Tricks zu reaktivieren. Ein ganzer Industriezweig lebt kräftig davon, daß die Ehefrauen ihre ältlich schlaff gewordene Bausubstanz in irgendein Zeugs verpacken, um die Wonnen der frühen Tage zu beschwören. Nichts gegen ein funktionelles und gut geschnittenes Kleidungsstück. Gruselig sind jedoch die krampfhaften Versuche, den gelangweilten Ehemann mit sinnlicher Verpackung anzumachen. Die ältliche Mutti mit den Figurproblemen in Strapsen, Spitzen-BH und purpurrotem Negligé ist ein Jux erster Güte. Da möchte sich der kleine Kringel da unten am liebsten vor Lachen verstekken. Der Hormonhaushalt ist schlagartig eingefroren, wenn das Lustungetüm ins intim beleuchtete Wohnzimmer tritt und auf der Couch Platz nimmt. Schlagartig begreift der altgediente Ehekämpe, warum am Abend die Kinder so früh ins Bett mußten, warum statt anständiger Decken-Beleuchtung heute die Kerzen glimmen und statt der Sportschau Julio Iglesias durch die Etagenwohnung schleimt.

»Oh Gott«, durchzuckt es den wahren Mann, »was hat sie sich denn da wieder ausgedacht.« Ihm ist im höchsten Maße zuwider, sich auf diese Show einzulassen, aber er hat keine andere Wahl, als gute Miene zum traurigen Spiel zu machen. Denn würde er an dieser Stelle in Lachen ausbrechen, dann hätte er tagelang unter den Folgen zu leiden. Also wird Papa irgendwas Unverständliches vor sich hinmurmeln, was nach außen hin den Eindruck erweckt, ihn würde das Gebotene unglaublich heiß machen. Und weil er darüber hinaus weiß, daß man von ihm einen Liebesbeweis fordert, wird er ordnungsgemäß den Auftrag erledigen. Auf diese Weise hat er für die nächsten Tage Ruhe im Haus. Bedauerlicherweise ist nur, daß er es ist, der diese Fehlinvestition letztlich zu bezahlen hat.

Ein effektiver Lustgewinn ist nicht erzielt worden. Denn ein Mann ist viel zu rational, als daß er nicht genau wüßte, was sich hinter dieser Verpackung verbirgt. Er hatte ja schon hundertemale

Gelegenheit, Form, Farbe, Substanz, Rhythmik und vieles mehr bei der Angetrauten genießen zu müssen. Er weiß um jeden Quadratmillimeter dieser teuren Zonen, die er täglich zu honorieren hat. Dieses Ding, das ihm vor vielen Jahren unglaublich begattenswert erschien, für das er seine ganze Energie geopfert hat, nur um ein einziges Mal hineinzuschlüpfen, ist ihm inzwischen in- und auswendig bis zum Überdruß vertraut.

Ein gleichermaßen unausrottbarer Aberglaube ist, daß durch den Einsatz dekorativer Kosmetik die Lethargie des Ehedaseins zu bekämpfen sei. Da wird gesalbt und gepudert, geliftet und gestrafft. Immer neue Wunderheiler versprechen den Frauen die ewige Schönheit. Ein tolles Geschäft, was da betrieben wird, um ihnen die Angst vor dem Alter zu nehmen. Auch hier ist der Mann ganz anders. Ihn interessiert das Altern herzlich wenig, auch wenn man ihm immer wieder eine sogenannte Midlife-crisis andichten will. Diese sogenannte Midlife-crisis entsteht nicht durch das Älterwerden, sondern ist in der Regel das Produkt der latenten Langeweile. Die ständige Versorgung einer Familie mit zwei Kindern und einer alternden Frau ist eben nun wirklich nicht der auf Dauer ideale Lebenszweck. So ab vierzig reißt der Geduldsfaden – logisch. Man entdeckt in sich den alten Tatendrang und genießt die geistige Erneuerung, koste es, was es wolle. Angst in bezug auf das Älterwerden ist damit wahrhaftig nicht verbunden.

Die zum Hausdrachen avancierten Schönheiten sehen das ganz anders: Da ihr Ziel nicht die Beschäftigung mit sinnvollen Dingen, sondern die Pflege des häuslichen Daseins ist, sehen sie im Älterwerden nur Probleme. Die Wettbewerbssituation zu den jungen Exemplaren der Gattung wird von Jahr zu Jahr größer! Logisch wäre es, allein aus diesem Grund die intellektuelle Weiterbildung voranzutreiben, um dem Mann eine gleichwertige und einfühlsame Gesprächspartnerin zu sein. Das aber ist mit Mühe verbunden und scheidet deshalb aus. Schließlich muß es doch einen bequemeren Weg geben. Der Weg ist leicht gefunden. Wer wenig arbeitet, hat viel Zeit, um sich seinem Äußeren zu widmen. Das macht auch mehr Spaß, ist mit weniger Mühe verbunden und müßte doch – so Gott will – zum gleichen Resultat führen wie die Mühsal der geistigen Weiterbildung. So wird gespachtelt, lackiert, massiert. Oberstes Ziel sind Faltenfreiheit und Straffheit der abgeschlafften Haut. Tonnenweise werden Materialien verbraucht. Abends wandert das ganze Zug in die Kanalisation und wird in den Wasserwerken mühsam bei der Wasseraufbereitung herausgewaschen. Hat je einer darüber nachgedacht, welche Umweltverschmutzung dieser horrende Verbrauch an Hautverschönerungsmitteln bewirkt...

Doch nicht nur das: Tiegel und Töpfchen aus einer Vielfalt von Plastikmaterialien werden benötigt. Ganze Badezimmer werden blockiert mit den Sprays, Tinkturen, Farben und Lacken, Abbeizern und Aufhellern, mit Collagen und Abschmiermaterialien. Ein Umweltskandal, über den keiner spricht! Und das Ganze wird nur deshalb veranstaltet, um durch Schönheit möglichst lange in den Genuß eins parasitären Daseins zu gelangen!

Kein Mann ist so weltfremd, eine Änderung dieses schizophrenen Verhaltens zu erwarten. Seit alters her salben sich schließlich die Göttinnen der Lust in der Hoffnung, damit ewige Jugend zu gewinnen. Und seit alters her wissen die Herren der Schöpfung, daß die Salbungen bei der Förderung der sexuellen Lust nur eine marginale Rolle spielen. Bestes Beispiel liefern alle Bordelle. Damit Mama zu Hause nicht merkt, daß Papa dort seinen Auftritt hatte, verzichten die Damen vom horizontalen Gewerbe vollständig auf die Duftkredenzen der Kosmetik-Industrie. Und trotz dieses scheinbaren Mangels läuft der Samenspender vor lauter Freude über. Das müßte doch eigentlich zu denken geben.

Die Angst vor dem Älterwerden sitzt tief im Weibe drin. Der Anblick erster Falten erzeugt Panik. Rational ist das für den Mann nicht erklärbar, denn die Falten im Gesicht sind noch lange kein Grund, einer einmal geliebten Person die Sympathie zu versagen. Von einem gewissen Alter an bevorzugt ein Mann nicht mehr die puppenhaften Teenager, sondern orientiert sich an reiferen Jahrgängen. Der Gedanke, den jungen vitalen Bock mimen zu müssen, läßt den Praktiker ohnehin die etwas älteren Semester bevorzugen.

Da ist man abgeklärter und das Vordringen in die erogenen Zonen geht schneller und unkomplizierter als bei der Eroberung nachwachsender Teenager. Besser ein paar Falten um die Augenpartie als der Madonnenblick einer 40jährigen Jungmaid, die immer noch glaubt, die Männerwelt müsse ihr zu Füßen liegen.

Dessous, Duft und anderes Gedöns mögen zwar den Frauen gefallen, haben aber auf Männer kaum eine Wirkung. Auch wenn der gut erzogene Ehemann zu Hause vorgibt, daß ihn das unglaublich antörnt, dann sagt er dies nur, um den endlosen Diskussionen vorzubeugen, die in der Aussage gipfeln: »Du hast mich nicht mehr lieb.«

9
Eine gute Ehe ist der Tod einer Karriere

Bekanntlich gibt es im Leben keine Variante zwischenmenschlicher Beziehung, die es nicht gibt. So hört man doch hier und da von einer tatsächlich funktionierenden Ehe. Dabei muß man zunächst einmal prüfen, wer der Absender der Botschaft ist. Denn in den meisten Fällen handelt es sich um Zweckoptimismus. Frauen darf man nie befragen, ob sie eine gute Ehe führen. Die meisten von ihnen werden das Eheleben in den rosigsten Farben darstellen. Er ist fleißig, sparsam, stets sprungbereit und relativ leicht zu kontrollieren. Ihm reicht das Taschengeld, er überschüttet sie mit Geschenken, sorgt sich um die Kinder und ist einfach der perfekte Hausmann. Im Ehekriegsfall kratzt er sogar die Bratkartoffeln wieder aus dem Müll mit der Bemerkung: »Liebling, ich glaube, Du hast was verloren...« Hört man der deutschen Hausfrau zu, gibt es nur eitel Sonnenschein im deutschen Drei-Zimmer-Küche-Bad-Dasein.

Obwohl alle Frauen gern in die Kirche gehen, überhören sie geflissentlich das biblische Gebot »Du darfst nicht lügen«, wenn es um die Beschreibung des ehelichen Zustandes geht. Weiblichen Zustandsschilderungen sollte man generell keinen Glauben schenken.

Sind die Aussagen der Männer objektiver? Diese sprechen ungern über ihr teuerstes Hobby. Oft könnte man meinen, es gäbe sie gar nicht, die Familie draußen im Vorort. Ein totsicheres Zeichen dafür, daß in bezug auf die Lieben daheim der Ernährer im Innersten seines Herzens bereits die »Kündigung« ausgesprochen hat und nur die Lebensumstände ihn zwingen, bei der Truppe zu bleiben. Denn Tatsache ist ja, daß eine Scheidungsquote von rund 60 Prozent nur die Spitze des Eisberges angestauter Frustrationen im deutschen Ehealltag ist. Die Unzahl derer, die seelisch verkümmert sind, und nur aus wirtschaftlichen Gründen noch aufeinanderhocken, ist unendlich viel größer. Hunderttausende Beamte beispielsweise, die keine Chance haben, ein verdecktes Einkommen zu erzielen, können sich partout nicht trennen, weil die Einkommensminderung von 70 Prozent im Durchschnitt ihnen nur noch ein Leben an der Armutsgrenze erlauben würde. Diese armen Burschen sind förmlich an die Frauen gekettet, bis daß der Tod sie scheidet. Die »innere Kündigung«, wie in der Wirtschaft die Situation bezeichnet wird, in der die Leute sich geistig von ihrem Betrieb abgenabelt haben und nur aus wirtschaftlichen Erwägungen dabei bleiben, ist Standard in deutschen Wohnstuben.

Das ist auch der Grund, warum so wenige sich im Berufsalltag über ihr Eheleben äußern. Sie verdrängen für die Zeit der Arbeit, daß sie abends wieder den schweren »Gang nach Canossa« antreten müssen und mit Themen konfrontiert werden, die zu Tode langweilen: Kinder, Schule, Nachbarn, Oma und Opa, die Sorgen der Haushaltsführung und die Flöhe, die den Dackel quälen.

Solche Themen gehören zum Standardrepertoire des abendlichen Familien-Small-talk, enden aber glücklicherweise mit dem Zubettgehen. Erst in dieser ruhigen Stunde empfindet unser Ehemann ein Gefühl der Zufriedenheit, weil er am nächsten Tag wieder arbeiten gehen darf. Nur noch die Sorge plagt ihn: muß er die liebende Gattin heute abend noch oder muß er nicht? Die Tatsache, daß der Mann die Familie aus seinen beruflichen Gedanken ausklammert, ist ein gutes Zeichen dafür, daß seine Ehe keine sonderlichen Emotionen auslöst.

Manchmal findet man Fotos der glücklichen Familie auf dem Schreibtisch, im Portemonnaie, am Schlüsselanhänger oder am

Armaturenbrett, auf denen Weib und Kinder glücklich ins Leben lächeln. Sollten da doch Emotion...? Danebengetippt: Solche Denkmäler ehelicher Harmonie stellt kein Mann freiwillig auf. Dafür sorgt vielmehr die Angetraute. Es sind gewissermaßen die »Duftmarken«, mit denen sie ihren Terrainanspruch fixiert. Da das Aufstellen solcher Werbeflächen als Liebesbeweis definiert wird, fällt es schwer, diese einigermaßen plausibel wieder zu entfernen. Im Auto kann man sie bis zur Unkenntlichkeit vergilben lassen, aber gerahmt auf dem Chefschreibtisch wollen sie partout nicht verrotten.

Die Familienbilder machen ihren Standort zur Tabuzone. Kein Mann hat den Mumm, im Angesicht dieser »Heiligenbildchen« seine Sekretärin über den Schreibtisch zu legen. Das Gefühl, daß Mama daneben zusieht, würde er keinen Augenblick verlieren. So entfaltet das Familienbild im Berufsleben seine moralische Kraft ähnlich den Verbotsschildern im Straßenverkehr. Ein Familienbild am Arbeitsplatz ist ein Mittel zum Zweck und gibt keineswegs Aufschluß darüber, ob der Mann Vergnügen an seiner Familie findet.

Einige Männer sprechen allerdings gern von ihren Kindern und freuen sich über jeden Schabernack, den die Kleinen daheim produzieren. In diesen Schilderungen taucht die Ehefrau nur selten auf und wenn, dann in der Funktion einer Krankenschwester, Köchin oder Fahrerin. Männer hängen oft an ihren Kindern, weil sie die einzigen Wesen sind, die zu Hause kein Widerwort geben. Sie hören mit großen Augen zu, geben keine oder nur originelle Kommentare und schenken ihrem Erzeuger die ganze jugendliche Liebe und Treue. Da gilt der Vater noch als Autorität, hat was zu sagen, bekommt für sein Geld das Gefühl, Familienoberhaupt zu sein. Kinder sind also für das Seelenleben eines verheirateten Mannes wichtig, um das Gefühl von Akzeptanz auch noch abends nach getaner Arbeit zu haben. Der stark ausgeprägte Hang zum Kind ist deshalb auch nicht tauglich, um festzustellen, ob das Eheleben stimmt.

Man sieht, wie schwierig es ist, eine funktionierende Ehe ausfindig zu machen. Auch auf Parties kann man sich kaum ein Bild vom Zustand einer Ehe machen, obwohl der Alkohol in vorgerückter Stunde die Zungen lockert. Denn eine kluge Frau wird sich davor hüten, zuzugeben, daß ihre Ehe genauso kaputt ist wie die der anderen. Es könnte ja schließlich sein, daß ein unbemanntes Schiff die Gelegenheit beim Schopfe ergreift und dem Unglücklichen ihren Hafen zeigen will. Eine Party ist in der Regel ein Small-talk, bei dem sich auch der Mann stark zurückhält. Würde er seine wahren Gedanken zeigen, dann wäre es aus mit der Nachtruhe danach. Eine Ehefrau kann zur Furie werden, wenn ihr Mann im nachbarschaftlichen Dunstkreis aus der Schule plaudert. Nichts ist schlimmer als Schlafentzug. Mit einem netten Suff müde ins Bett zu sinken und dann von der Ehefrau mit Vorwürfen attackiert zu werden ist eine der schlimmsten Strafen, die ein Ehemann erdulden muß. Man sollte es aufgeben, nach einer wirklich funktionierenden Ehe zu forschen, man kann im Prinzip davon ausgehen, daß keinem Mann das Eheleben Spaß macht. Die paar Prozent, die zufrieden sind, fallen statistisch nicht ins Gewicht. Bei dieser winzigen Minderheit ist der Zufall eingetreten, daß dem Manne nur eine bescheiden kleine Portion Trieb zugeteilt wurde, der von ihm geliebten Ehefrau hingegen eine Menge männlicher Aktivitätshormone. Solchermaßen ausgestattet wurden sie durch die Zufälligkeit des Lebens zueinander geführt und haben erbbiologisch betrachtet eine gute Chance, glücklich zu werden.

Wegen des geringen Sexuallebens findet dieses Ehegespann durchaus an Tätigkeiten Freude, die genau zwischen typisch männlichen und typisch weiblichen Beschäftigungsfeldern liegen. Solche Leute töpfern zum Beispiel. Das ist einerseits noch handwerklich und befriedigt damit den Mann, andererseits ist es aber auch rechtschaffen weiblich, weil es der Tätigkeit des Backens sehr ähnelt. Oder sie weben zusammen, ziehen Kerzen. Manche treiben gemeinsam Sport oder widmen sich mit wirklicher Hingabe der Aufzucht einer riesigen Kinderschar.

Die Energien dieser Liebenden sind aufeinander fixiert. In der Tat herrscht hier die heile Welt, so wie Millionen Frauen sie wöchentlich aus Kitsch-Postillen inhalieren. Dabei hatte der reine Zufall seine Hand im Spiel, als er diese beiden Pole kurzschloß.

Die wenigen Männer, die solchermaßen strukturiert sind, muß man mit der Lupe suchen. Man sollte sie auch nicht in den Führungsetagen der deutschen Industrie suchen, weil sie kraft ihres Charakters nie Lust und Laune hatten, Führungsverantwortung zu übernehmen. In der Arbeiterschaft befindet er sich genausowenig. Überhaupt ist es schwer, den Monogamen am Arbeitsplatz zu finden, weil er dem Beruf nur die unbedingt erforderliche Zeit widmet. Am liebsten ist ihm die Halbtagsstelle bei vollem Lohnausgleich. Denn er hat nichts Besseres zu tun als so schnell wie möglich nach Hause zu hüpfen, um mit seiner Göttin daheim einen Teppich zu weben oder mit den Kindern ins Grüne zu fahren.

Für Unternehmer ist es wirtschaftlich gefährlich, einen »liebenden Mann« einzustellen, weil dessen Energien nicht der Firma, sondern der Familie gelten. Liebende Männer sind freizeitorientiert, sensibel, etwas introvertiert und erwarten eine erhebliche Großzügigkeit von ihrem Arbeitgeber, wenn es um Dinge geht, die in der Familie organisiert werden müssen.

Die Freude an Frau und Familie läßt es nicht zu, daß dieser Typus Karriere macht. Er käme gar nicht auf die Idee, sich abends noch mal auf die Socken zu machen, um in der Partei ein Amt zu bekleiden. Auch eine Geschäftsreise mit Übernachtung paßt nicht in seine Vorstellung von einem friedvollen Leben. Und die Nähe anderer Frauen empfindet er beängstigend. Eigentlich ist er ein glücklicher Mensch.

In jungen Jahren ist er allerdings hochgradig gefährdet. Denn was passiert mit ihm, wenn das Schicksal ihm nicht hold ist und ihn nicht in die Arme einer gleichgepolten »guten« Frau treibt. Was wird aus ihm, wenn er sich nicht den Fängen einer normalen Frau entziehen konnte? Der Arme versklavt! Wird zum Äffchen degradiert. Wird umerzogen bis zur völligen Aufgabe seiner eigenen Identität. Schwache Männer sind in den Klauen einer normalen Frau dem Untergang geweiht. Ein jeder von uns kennt irgendeinen dieser gebrochenen Männer, die morgens den Hund ausführen, danach für die Familie das Frühstück zubereiten, zur Arbeit fahren und Geld verdienen, zum Abend nach Feierabend sich um das Abendessen sorgen und vor dem Zubettgehen erneut den Köter zum Wasserlassen vor die Tür schleppen. Triebschwach wie er ist, braucht er keinen Sex, sucht ihn nirgendwo anders und fristet so sein Leben, bis daß der Tod ihn aus seinem Sklavendasein erlöst. Solche armen Teufel murmeln dann auch noch im Sterbebett: »Gott war gut zu mir«, weil sie natürlich religiös sind.

Der versklavte Mann ist unglaublich genügsam. Meist reicht ihm die Straßenbahn, um zur Arbeit zu fahren, während seine Frau das Auto benutzen darf. Da er nicht raucht und nicht trinkt – das hat ihm seine Frau abgewöhnt –, reicht ihm ein bescheidenes Taschengeld. Mittags ißt er entweder in der Kantine, oder er hat sich morgens ein paar Stullen geschmiert. Für den Abend brüht er sich einen Kamillentee, nicht ohne vorher den Abwasch erledigt zu haben. Er putzt brav die Zähne und schläft anstandslos ein. Er arbeitet bis zum Rentenalter und wird dann mangels besserer Einsatzmöglichkeiten von seiner Frau hauptsächlich vor den Fernseher geschoben, bis er friedlich aus dem Leben scheidet.

Jeder Vater, der solch einen braven Sohn gezeugt hat, sollte kämpfen wie ein Stier, um diesen guten Menschen vom heiratsbesessenen Klammergriff einer normalen Frau fernzuhalten. Kein Straflager kann schlimmer sein als die lebenslange Abhängigkeit einer schwachen Persönlichkeit.

10
Der kausale Zusammenhang zwischen Häßlichkeit und Emanzipation

Also, an der Sache mit der Emanzipation ist ja doch so einiges dran. Mir ist kein Mann bekannt, der nicht auch gleichberechtigt sein will. Wenn er nur dürfte. Denn es ist wirklich ein Ärgernis, daß wir Männer ein Leben lang arbeiten müssen, in jungen Jahren das Land zu verteidigen haben, in viel zu vielen Fällen das Geld bis auf ein karges Taschengeld abgenommen bekommen und ständig weiblichem Druck ausgesetzt sind. So gesehen wäre es eigentlich sinnvoll, wenn man den Emanzipationsgedanken konsequent zu Ende denkt. Leider haben Männer dafür zu wenig Zeit, weil sie ja von morgens bis abends werkeln müssen.

Es ist logisch, daß die Frauen dieses Thema annektiert haben. Es liegt in ihrer Natur, über die Beziehungen der Geschlechter nachzudenken und sich die Vorteile dieser Denkarbeit zu sichern. Im Grunde haben sie nur das gemacht, was die Männer aus dem Geschäftsalltag her kennen: »Wer arbeitet, hat keine Zeit, Geld zu verdienen« heißt es nur halb im Scherz. Aber auch: »Wer arbeitet, macht Fehler und die kann man sich nicht erlauben.« So ähnlich ist das auch mit der Emanzipationsbewegung. Da hat sich ein kleines Häuflein zusammengetan, die sehr schnell die Chancen und Möglichkeiten erkannten, die Männer vollends zu unterdrücken.

Wenn Männer nicht so selbstbewußt wären, daß sie nicht eine Sekunde daran gezweifelt hätten, daß ihnen so oder so die genetisch vorprogrammierte Führungsrolle zustände, dann hätten sie angesichts dieser Emanzen-Revolution ganz schön unsicher werden können. Da der Mann in der christlichen Menschheitsgeschichte schon zweitausend Jahre das Sagen hat, sind die Diskussionen um dieses Thema zwar recht amüsant, aber historisch gesehen wertlos. Die katholische Kirche wird sich auch nicht ändern, nur weil ein paar Atheisten »ihr vor das Schienbein« treten.

So gibt es eben Dinge im Leben, die zwar Stoff für interessante Berichte bieten, jedoch keine dauerhafte Bedeutung haben werden. Dennoch ist es interessant, sich mit dem Gleichstellungs-Theaterdonner auseinanderzusetzen, weil er hinlänglich Ansatzpunkte zum Amüsement enthält. Originell ist allein schon, wer diesen Budenzauber veranstaltet. Die vielen Diskussionsrunden im Fernsehen, die man miterlebt, zeigen, daß es ein ganz bestimmter Frauentyp ist, der sich hier artikuliert: Der Volksmund hat hierfür den Begriff des »Mannweibes« geprägt, weil nur beim näheren Hinsehen erkennbar wird, daß es sich um eine Frau handelt.

Die Verfechter der Emanzipations-Philosophie sind in der Regel nicht besonders windschnittig konstruiert, neigen zum Faltenwurf und gehören zu den bedauernswerten Geschöpfen, die nach landläufigen optischen Ansprüchen als disproportioniert zu bezeichnen sind. Das muß leider als Tatbestand akzeptiert werden, auch wenn bei solchen Feststellungen Stimmen laut werden, die von Frauendiskriminierung sprechen. Aber kann man vor Realitäten auf Dauer die Augen verschließen?

Auch unter den Männern gibt es ja hinreichend bedauernswerte Geschöpfe, die nicht gerade eine Augenweide sind und es schwer haben, zum anderen Geschlecht zu finden. Die haben allerdings auch nicht den Ehrgeiz, sich mitten ins Rampenlicht zu stellen. Statt jedoch zu versuchen, aus dem bißchen Attraktivität, das ihnen der liebe Gott mitgegeben hat, das Beste zu machen, verfallen diese Geschöpfe einem typischen weiblichen Fehler: Sie neigen zum Trotz! Während häßliche Männer sich mit Statussymbolen umgeben und damit ihre Unscheinbarkeit kompensieren, sorgen die emanzipatorischen Pendants dafür, daß sie wandelnden Jutesäcken ähneln. Sie kleiden sich in Sack und Asche und überlassen den Haarmilben das Hairstyling. Zwangsläufige Folge: Während die Männer ihnen bis zu dieser Wesensveränderung neutral gegenüberstanden, wenden sie sich jetzt geschockt ab. Gewisse Erinnerungen an Studentenwohnungen werden da wach...

Dieser optische Verrottungsprozeß ist sicherlich der Höhepunkt einer langen Leidensgeschichte, das sollte man fairerweise sagen. Die junge Emanze wußte gar nicht, daß sie eine solche werden sollte, als ihr der liebe Gott mit der ersten Regelblutung kundgetan hat, daß sie eine Frau sei. Sie hat genauso wie alle anderen jungen Mädchen ihre Waffen eingesetzt, und sie hat den Lustbengeln das Fummeln erschwert. Nachdem die Fummelphase überwunden war und die Männerwelt optische Ansprüche entwickelte, wurde sie aus den Gunstbezeugungen mehr und mehr ausgespart. Zunächst versuchte die leicht Frustrierte, dies wettzumachen, indem sie sich der Triebfreude der Männerwelt gegenüber weltoffener, toleranter zeigte als die übrigen Mädchen. Damit gelang es ihr zwar, die Menge der Sexualkontakte zu vergrößern, nicht aber die Verbindungen zu sichern. Es verging kaum ein Wochenende, an dem die junge Leidende nicht das Gefühl hatte, benutzt worden zu sein. Da keimt zunächst Verzweiflung auf. Und Verzweiflung schlägt in Wut um. Der brutale Ausleseprozeß des Lebens hat diese armen Geschöpfe an die Wand gespielt. Sich ein Leben lang selbst ernähren zu müssen ist das Schlimmste, was einer Frau passieren kann. Doch so ist das Leben. Da nur die Einehe erlaubt ist, können Männer sich ja nicht teilen wie die Pantoffeltierchen, um die Aschenputtel des Landes mitzuernähren.

Durch die Tatsache, daß die Männer sie ignorieren, haben die Leidens-Schwestern hinreichend persönlichen Freiraum. Man bedenke: Während allein das tägliche Verschönerungs-Ritual der Frau mehr als eine Stunde raubt und die folgenden Balzveranstaltungen ebenfalls Stunden kosten, hat die Häßliche Zeit satt zur Verfügung. Mangels besserer Kommunikationsmöglichkeiten steckt sie die Zeit in die Ausbildung. So entstand im Laufe des Wirtschaftswunders eine hochintelligente Elite frustrierter Frauen. Durch massenmediale Kommunikation und durch eine Unzahl neugebildeter Kontakteinrichtungen blieben diese vom Eheleben ausgeschlossenen Frauen auch nicht allein, sondern fanden sich in Interessengruppen zusammen. Töpferkurse in der Volkshochschule, die Frauenvereinigungen der großen Parteien oder das alternative Café wurden zu Sammelbecken der Sexual-Parias. Hier fanden sie dann auch die sexuelle Erfüllung unter Anleitung von Kolleginnen, die der liebe Gott von vornherein gleichgeschlechtlich konzipiert hatte. Denn bekanntlich geht nichts ohne körperliche Zuneigung. Also war die Kommunikation einigermaßen intakt und das Sexualleben durch gegenseitiges klitorales Spielvergnügen auch oberflächlich befriedigend. Im Gegensatz zu ihren schwulen Kollegen, die sehr auf Ästhetik und Schönheit bedacht sind, entwickelte sich das Frauenlager jedoch gegensätzlich. Häßlichkeit wurde zum Erkennungsmerkmal. Bloß nicht so sein wie die anderen, die es geschafft haben, im Einfamilienhaus zu regieren. Alles, was dazu geeignet wäre, Männern zu erotischem Vergnügen zu verhelfen, gilt hier als unschicklich.

Auf die Figur achten? Um Gottes willen! BH tragen? Wie reaktionär! Seidenblusen? Man ist doch keine Nutte! Häßlichkeit entwickelte sich zum Markenzeichen, gepaart mit Intelligenz und Wissen. Chemikalien explodieren, wenn von den einzelnen Zutaten die richtige Menge zusammengemixt wird. In einer solchen Keimzelle der Emanzipation entstand dann auch eine Art Schwarzpulver, explodierte und breitete sich virulent aus. Berichte sorgten dafür, daß alle Welt plötzlich von der Emanzipation redete. Ständig gezündelt wurde die Diskussion durch die kleine Minderheit an Unbefriedigten, die hier ein Terrain für die Rache am Mann gefunden hatten. Und das nur, weil nicht irgendein Knabe sie an den Altar der Ausgesorgtheit geführt hat. Es ist bekannt, daß Frauen in ihren Gefühlen nur lieben oder hassen können. Zwar ist der Begriff »Liebe« interpretationsbedürftig, der Begriff »Haß« aber ist die eindeutigste Sache von der Welt.

Die Emanzipationsbewegung wurde zu einer einzigen Haßtirade auf die Männer. »Schweine« sind sie, die Männer, »geile triebgesteuerte Untiere«, unfähig, Frauen glücklich zu machen. In jedem Mann steckt nach landläufiger Emanzenmeinung ein kleiner Perverser, dem das Ding da unten rigoros entfernt werden sollte. Nun verschleißt sich Haß irgendwann einmal, und die Diskussionen haben nachgelassen.

Die eigentliche Emanzipation hat sich im Prinzip überlebt. Die Mütter der Emanzipation sind alt geworden und verdrossen, weil nichts so recht funktioniert hat. Einige wollen das Thema heute noch in den Parteien vorantreiben. So ist es den Frauenrechtlerinnen gelungen, Parteien mit dem Gleichstellungstheater geradewegs zu überschütten. Da werden intelligente Männer ausgewechselt gegen emotionsgeladene Frauen, nur weil das Verhältnis der Geschlechter 50 : 50 sein muß. Nicht mehr Qualifikation entscheidet, sondern die Tatsache, daß die Damen zwischen den Beinen anders gebaut sind als Männer. Das zeigt, um mal zu politisieren, daß die Demokratie nicht unbedingt die richtige Staatsform ist, wenn es so einfach ist, dort solche schizophrenen Entscheidungen durchzusetzen.

Das Thema »Gleichberechtigung« hat also eine politische Dimension bekommen. Das ist insofern gut, als damit viele frustrierte Frauen einen Posten bekommen haben, der ihren Neigungen entspricht. Sie können aus ihrem Frust Geld machen. Viel wichtiger ist es aber, daß sie sich ernst genommen fühlen und eine gewisse Macht im Staat ausüben können. Es ist gelungen, den Wildwuchs von der Straße in die politische Szene einzubinden. Seitdem das zum deutschen Polit-Theater gehört, ist es friedvoller geworden.

Die »Gleichstellungsbeauftragten« in ihrer beamteten Funktion haben jetzt einen Arbeitsplatz auf Dauer und erhalten alle damit verbundenen Zuwendungen des öffentlichen Dienstes. Angestellte Querulanten entwickeln sich aber – das lehrt das politische Geschehen im allgemeinen – recht schnell zu kalkulierbaren Bürokraten. Nicht zuletzt hat die Entwicklung der relativ jungen Parteien gezeigt, wie schnell man sich im neuen Maßanzug wohl fühlt, und wie der eigentliche Sinn Mittel zum Zweck wird. Die beamteten Emanzen sind ein gutes Beispiel dafür. Sie entwickeln sich schnell zum Papiertiger und setzen sich für eine Sache ein, für die es gar keine Notwendigkeit gibt. (Was sie natürlich nicht zugeben werden, wetten?) So hat alles seine Ordnung, und die Emanzipationsdiskussion hat schneller ihren Schrecken verloren, als seine Begründerinnen es je geahnt hätten. Zwar sind der Mehrzahl der Frauen die Feministinnen nicht besonders sympathisch, andererseits sind sie aber auch besonders ungefährlich. Denn mit jeder Frau, die Männer generell verachtet, wird die Konkurrenz kleiner. Die Damen aus der Emanzenszene fallen raus aus dem Wettbewerb. Besonders die Gleichgeschlechtlichkeit erfreut das Herz jeder etablierten Ehefrau aufs höchste. Wo der Wettbewerb sich selbst ausschaltet, braucht die deutsche Hausfrau keine Sorge um ihren Ernährer zu haben.

Das Thema Gleichberechtigung hat jedoch besonders die jungen Frauen infiziert, die darin eine erstklassige Möglichkeit sehen, ihre Bequemlichkeit zu intensivieren. Es wird geflissentlich übersehen, daß der Mann nicht nur in jungen Jahren, sondern das ganze Leben acht Stunden täglich berufstätig ist. Selbst der einfältigsten Frau ist es dagegen gelungen, so ab Anfang vierzig die Bühne des Arbeitslebens zu verlassen, um sich dem Strickzeug zu widmen. Im ungünstigsten Falle gibt es noch Halbtagsarbeit und stundenweise Beschäftigung, mit der eine karge Familienkasse aufgebessert werden kann. Mit 60 darf die Frau mit staatlichem Segen die Kurve kratzen, während der Mann noch einige Jahre länger malochen muß, bis er in den Genuß einer Rente kommt.

Wenn also die »gleichberechtigte Frau« spätestens mit vierzig das Handtuch im Beruf wirft, dann hat ihr Versorger noch ein Vierteljahrhundert zu schuften. Nicht gerade eine Kleinigkeit!

Das übersieht die Ehefrau in jungen Jahren geflissentlich. Sie setzt alles dran, ihrem Ernährer beizubringen, daß Gleichberechtigung nichts anderes bedeutet als eine gleichmäßige Aufteilung der Hausarbeit. Es wäre an der Zeit, endlich einen Schlußstrich unter diese unselige Emanzipation zu ziehen.

Wenn solche Tendenzen eskalieren, dann wird es noch soweit kommen, daß die Frauen auch beim Geschlechtsakt oben liegen... – wo kämen wir da hin!

11
Über das unmögliche Unterfangen, mit Frauen zu diskutieren

Ausrufungszeichen! Dem Schnell-Leser sei empfohlen, weiterzublättern, denn mit dieser Überschrift ist vorweg genommen, was jetzt auf langen Seiten kommentiert wird. Wer sich jedoch dem Spaß nicht entziehen will, sich weibliches Denken weiter zu Gemüte zu führen, der möge dabei bleiben.

Da jeder zweite Mensch auf dieser Welt eine Frau ist, ist man dazu verdonnert, häufig mit diesen Wesen in einem kommunikativen Dialog zu treten. Zunächst sind alle die gut dran, die das Glück haben, Chef zu sein. Obrigkeitshörigkeit und Befehlsgewalt helfen, Diskussionen zu vermeiden. Die Befehle müssen jedoch hart und emotionslos übermittelt werden. Emotionslosigkeit ist von großer Wichtigkeit. Schwingt in der Stimme des Chefs etwa Sympathie mit oder erspürt das weibliche Gegenüber gar auch nur andeutungsweise, daß die Augen des Chefs sich durch den Cashmere-Pullover und durch die Strumpfhose bohren, dann verändert sich die Reaktion sehr schnell. Damit wird auch deutlich, daß Sex im Büro zwar die einfachste Art ist, Liebe zu machen, aber auch die gefährlichste, weil man unter Umständen alle Autorität einbüßt. Deshalb sei die geschlechtliche Vereinigung mit Mitarbeiterinnen nur ganz hartgesottenen Kerlen empfohlen.

Solange der Mann von Welt sich davor hütet, in einen Dialog zu treten, klappt die Verständigung mit Frauen einigermaßen gut. Dieses diktatorische Prinzip liegt allerdings dem Wesen des Mannes nicht. Männer sind eigentlich gesellige Rudeltiere, denen es Freude macht, in einem friedvollen Schlagabtausch miteinander zu plaudern, die normalerweise die Meinungen anderer Mitmenschen akzeptieren und auch mal den eigenen Standpunkt verlassen. Deshalb sind unter Männern auch Stammtisch-Gespräche reizvoll, in denen man weinselig stundenlang zwischenmenschliche Kontakte pflegt. Man hüte sich jedoch davor, diese Fähigkeit zur Kommunikation im Gespräch mit Frauen anzuwenden.

Hier gilt wirklich der alte Kernsatz: Wenn zwei das gleiche tun, ist es noch lange nicht dasselbe. Leider ist es so, daß es anfänglich sehr schwer zu erkennen ist, daß Frauen im Denken völlig anders strukturiert sind als Männer. Denn immerhin sprechen wir doch alle die gleiche Sprache, und die Signale, die wir abgeben, sind auch identisch. So wird jeder die Erfahrung machen, daß am Anfang einer Beziehung zwischen Mann und Frau durchaus ein akzeptabler Dialog entstehen kann. In einem Alter, in dem noch die drangvolle Sexualität der eigentliche Gegenstand der Beziehung ist, klappt es kurioserweise auch mit den ganz normalen Alltagsgesprächen recht gut.

Wie durch ein Wunder herrscht ganz zu Anfang der Beziehung Harmonie. Der, der vielleicht zwei oder drei längere Affären mit Frauen hinter sich gebracht hat und immer wieder stirnrunzelnd feststellen mußte, daß nach einer gewissen Zeit die Kommunikation kaputt war, denkt bei jeder neuen Eroberung: »Donnerwetter, daß es so was noch gibt...« Solange die Dame des Herzens noch keinen gemeinsamen Hausschlüssel hat, scheint es dem Manne, als ob er in der neuen Flamme tatsächlich eine wesensgleiche Gesprächspartnerin gefunden hätte. Ein Trugschluß, wie sich immer wieder erweist. Unbeweibt hat der Mann praktisch nie Probleme in der Kommunikation mit Frauen, vorausgesetzt, er verkneift sich, das Gespräch auf Sex zu bringen. Diese Erziehung zur Abstinenz von sexuellen Themen ist deshalb von größter Wichtigkeit für ein ausgeglichenes männliches Leben. Denn der wohlhabende Mann sieht sich ständig erotischen Signalen ausgesetzt. Frauen umkreisen ihn, die unaufhörlich mit Sirenengesängen auf ihn einwirken und für ihn und seine Probleme ein unglaubliches Verständnis haben. Die schauspielerische Begabung von Frauen ist eine unglaublich große. So werden die rund zweihunderttausend Nutten nie zugeben, daß ihre Aufgabe nur darin liegt, Kerlen für blanke D-Mark sexuellen Service zu liefern. Sie werden sich immer als praktische Lebenshilfe verstehen wollen, mit der man verständige Gespräche führen kann. Und das ist nur logisch, denn Millionen Männer haben das Gefühl, zu Hause mißverstanden zu werden.

Wenn sich ein geiler Bock entschlossen hat, eine neue Flamme zu finden, herrscht zunächst eitel Sonnenschein. Eindrucksvoll, wie die Neue jeden Gedanken nachvollziehen kann, den er äußert. Faszinierend, wie sie Verständnis für seine Probleme entwickelt, auf ihn eingeht. Eine geniale Symbiose zwischen Triebregulierung und Kommunikation scheint er hier gefunden zu haben. In Wahrheit eine sehr gefährliche Situation, die nur ein Mann übersteht, der sich bereits mehrmals in solchen Situationen befand. Wenn das Leben so wäre, wie es in den frühen Tagen der Zweisamkeit den Anschein hatte, dann wäre es wahrhaftig paradiesisch. Die Mischung aus Lustgewinn und Verständnis ist immer wieder entwaffnend schön. Eingefleischte Junggesellen wissen das und wechseln deshalb nach drei Monaten die Partnerin. Etwa 200 Damen reichen in einem Männerleben aus, um sich den Himmel auf Erden zu ermöglichen, wenn man nur konsequent genug ist, sich nie von einer heiraten zu lassen.

Denn mit der Bestimmtheit, mit der der nächste Winter kommt, tritt mit gleicher Pünktlichkeit der große Frust ein. Spätestens mit der Hausschlüsselübergabe weiß die Dame, daß sie auf dem Weg zur Leibrente einen wichtigen Schritt vorangekommen ist.

Eher unmerklich schleicht sich dann ein neuer Stil in das traute Miteinander ein. Der Charakter der Diskussionen wird kompromißloser und ist bei weitem nicht mehr von der Harmonie geprägt, die Wochen zuvor noch üblich war.

Anfangs wird ein Mann dies zum Anlaß nehmen, an sich selbst zu zweifeln. Hat er sich verändert? Hat er die ihm eigene Logik etwa verloren? Ist er plötzlich anders programmiert? Wesensveränderungen sind ja bekanntlich eine psychosomatische Störung, die von heute auf morgen eintreten kann.

Nun gehört er zu den Glücklichen, die morgens zur Arbeit gehen dürfen. So wird er nach der ersten ärgerlichen Diskussionsrunde am Tag darauf im Büro darauf achten, ob auch seine Kollegen im Dialog mit ihm anders als sonst reagieren. Den ganzen Tag über wird er seine Gespräche unter die Lupe nehmen. Da alles normal verläuft, legt sich die Besorgnis, daß eine psychische Störung vorliegt. Alles hat bestens funktioniert. Die Diskussionen waren wie immer konstruktiv. Man hat gelacht, gescherzt und das gute Gefühl gewonnen, einen erfolgreichen Tag erlebt zu haben.

Im Umgang mit der Freundin aber bleiben die Dissonanzen quälend und irritierend. Kommt der vom Büroalltag relaxte Partner zu Hause an und hat das unerfreuliche Gespräch vom vergangenen Abend längst zu den Akten gelegt, geht das Spektakel wieder von neuem los. Es ist, als wenn man zwei Elektrokabel aneinanderhält: Funken sprühen – und im schlimmsten Falle springt die Sicherung heraus...

Jeder Mann wird im Leben die Erfahrung machen müssen, daß Frauen plötzlich eine andere Art entwickeln zu denken, zu reden und zu handeln. Sie sprechen zwar die gleiche Sprache, aber die Art, wie sie Worte einsetzen und auslegen, führt zu anderen Ergebnissen. Männer denken direkt, gezielt und suchen auf schnellstem Wege das Ziel zu erreichen. Frauen denken labyrinthisch, entfachen endlose wirre Diskussionen, streifen die unmöglichsten Randbereiche und kommen erst am Ziel an, wenn der Mann schon längst da ist.

Diskussionen mit Frauen sind ein gewaltiger Verschleiß an Energie. Da werden Milliarden Stunden geopfert, um Nonsens zu produzieren. Wie kompliziert Frauen denken, ist am Beispiel des so beliebten Themas »Gleichberechtigung« bestens darzustellen: Ein Mann würde bei sorgfältiger Analyse feststellen, daß mit dem Wort ausgedrückt werden soll, daß sich die beiden Geschlechter möglichst gleichrangig vorwärts entwickeln, sich gegenseitig stützen, helfen und dabei die vorhandenen Reibungsverluste abbauen.

Nachdem der Mann den Begriff akzeptiert hat, würde er sich daran machen, ihn effektiv, schnell und professionell zu realisieren. Es würde also nicht lange dauern, und alles, was diesen Begriff ausmacht, wäre wohlgeordnet.

Was macht die Frau angesichts des Begriffes »Gleichberechtigung«? Sie sieht als erstebenswerten Effekt, daß sie ihre Arbeitskraft schonen kann. Sie fühlt sich keineswegs dadurch aufgefordert, beruflich mehr zu schaffen. Vielmehr nutzt sie das Wort, um Aufgaben, die in der arbeitsteiligen Gesellschaft bei ihr gelandet sind, in erhöhtem Umfang auf den Mann abzuwälzen. Während der Mann sich mit einem solchen Thema konstruktiv auseinandersetzt, sieht die Frau darin nichts anderes als eine erstklassige Lösung, sich der Mühsal des Lebens noch weiter zu entziehen.

Man kann sich vorstellen, daß auf diese Weise kein Konsens zu erzielen ist. An dieser weiblichen Malaise ändert sich auch ein ganzes Frauenleben lang nichts. Es ist schon eine schwere Bürde, ein Leben lang mit Unlogik handeln zu müssen.

Diese Unlogik – oder nennen wir es präziser weibliche Logik – ist auch nicht nur auf gewisse Lebensbereiche beschränkt, sondern zieht sich wie ein roter Faden durch das gesamte Spektrum des Lebens. Nehmen wir ein Beispiel. Vielen Frauen gilt die Sexualität als nicht erstrebenswert. Ihre ausschließliche Funktion ist es, bei der Suche nach dem Mann für's Leben wirkungsvoll eingesetzt zu werden. Dann wird sie bei der Erzeugung von Nachwuchs eingesetzt, könnte aber im Anschluß daran getrost abgeschaltet werden. Die häufige Auffassung, daß auch Frauen einen Orgasmus brauchen und wollen, geht völlig am Bedürfnis der Mehrheit vorbei.

Nun muß allerdings eine Frau zweimal in der Woche Liebeswilligkeit zeigen, weil das zu den ehelichen Pflichten gehört. Tatsächlich versucht sie ständig, sich vor den körperlichen Annäherungsversuchen des Gatten soweit wie eben vertretbar abzuschotten. Ein Mann würde klipp und klar sagen, daß er »keinen Bock« hat und der Frau empfehlen, sich anderweitig zu orientieren. Damit wäre das Thema schnell aus der Welt. Was macht unsere subtile Frau?: Sie schickt den Mann zum Joggen in der guten Hoffnung, daß er dabei an Kräften verliert. Daß sie damit das Problem nicht aus der Welt schaffen kann, sondern eher seine Durchblutung anregt, kommt ihr nicht in den Sinn.

Weibliche Logik denkt immer um die Ecke, ist aus der Sicht eines einigermaßen intelligenten Mannes nicht zu erfassen. Hochinteressant ist, daß der Dialog zwischen den Partnern nicht so verläuft, wie wir es eigentlich gelernt haben: Ein Gespräch ist wie ein Ping-Pong-Spiel. Ein ständiges Hin und Her unter Einsatz des gleichen Balles. Männer beweisen, daß das möglich ist. Man versuche jedoch, diese logische Verfahrensweise im Gespräch mit Frauen anzuwenden. Das driftet immer in irgendeine Richtung ab, mit der man überhaupt nicht gerechnet hat.

Ganze Legionen an Kabarettisten haben schon schallendes Gelächter erzeugt, wenn sie Dialoge zwischen Mann und Frau nachgestellt haben. Bewirkt hat diese bissige Kritik nichts. Die Frauen stellen sich nicht um, sie lachen höchstens über die Darstellung. Und sie wissen sich dialektisch aus der Affäre zu ziehen: »Wenn wir so nicht wären, dann hättet ihr ja nichts zu lachen.« Gegen einen solchermaßen toleranten Umgang mit der eigenen Unlogik ist kein Kraut gewachsen.

Interessant ist die Strategie, die von den Frauen eingesetzt wird, um den Dialog zu verwirren. In jeder Diskussion steckt ein zerstörerisches Element. Es kommt nicht darauf an, ein verwertbares Ergebnis zu erzielen, sondern gezielt die Führungsrolle des Mannes in Frage zu stellen. Nur ein Mann, dem man beigebracht hat, daß er zu nichts nutze ist, bleibt auf Dauer manipulierbar und liefert brav das verdiente Geld ab.

Diskussionen in einer Partnerschaft werden also immer subversiv geführt. Sie dienen keinem anderen Ziel als der Ausweitung des Machtanspruchs. Dabei genügen oft kleine Anlässe, um zu gigantischer Polemik aufgebauscht zu werden. Die Intensität, mit der die Frau diese Tätigkeit betreibt, hängt in hohem Maße von ihrer körperlichen Verfassung ab. Der kluge Mann schickt also seine Frau nicht arbeiten, weil das lumpige Geld gebraucht wird – das hat er meistens viel schneller alleine verdient. Wichtig ist vielmehr, daß die Frau abends abgeschlafft nach Hause kommt und damit nur noch wenig Lust verspürt, ihre zerstörerische Kraft in unnützen Diskussionen einzusetzen. Da die Frauen für intensive Arbeit weniger geeignet sind als Männer, werden sie folglich auch schneller müde. Und Müdigkeit ist das beste Mittel, um einen Machtausbau per Streitgespräch verhindern zu können.

Zwei taktische Faktoren setzt die Frau in den Diskussionen mit dem Ernährer ein: Da ist zum einen der gezielte Einsatz von Fangfragen in schneller Folge und zum zweiten die Begabung, blitzschnell Resümees zu ziehen und auf dieser Subsumtion die weitere Diskussion in die angestrebte Richtung voranzutreiben.

So was läuft dann wie folgt ab: Papa kommt nach Hause, hatte wie immer einen guten Tag und fragt teilnahmsvoll seine teure Ehegattin:»Na, wie war Dein Tag?« Ein Mann würde darauf antworten:»Du, denkbar beschissen, ich fühl mich nicht wohl.« Was macht aber Mama in einem solchen Falle:»Warum fragst du mich, das ist doch sonst nicht Deine Art?« Peng, hat unser friedvoller Papa erst mal bewiesen bekommen, daß hier ein anderer Wind als im Büro weht.

Nun wird er deswegen nicht an die Decke gehen. Er kennt ja dieses Spielchen aus vielen früheren Situationen heraus. Friedvoll wie er ist, wird er zunächst eine Antwort geben, denn auf Fragen gibt man bekanntlich Antworten:»Na, ich dachte, daß Du vielleicht was Interessantes erlebt hättest?« Falsch! Denn jetzt wird sie die Chance haben, darauf eine Subsumtion anzuwenden.»Was soll ich denn schon erleben, wenn ich den ganzen Tag nicht rauskomme!«

Denn weiteren Verlauf dieses Gesprächs kann sich jeder gebeutelte Ehemann selber ausmalen.

Die Ergebnisse solcher Dispute sind immer die gleichen: Entweder wird es die Dame des Herzens schaffen, wieder einen neuen Claim abzustecken oder er wird die Diskussion irgendwann mit Wortgewalt oder auch Kneipenbesuch beenden.

Dieser Komödie fehlt es nicht an grausiger Dramatik, nicht an optischen Höhepunkten. Hier sei nur noch einmal an die Bratkartoffeln im Müll erinnert...

Neben dem gemeinsamen abendlichen Fernsehen und der Erörterung von Alltags-Themen gehört dieses Katz-und-Maus-Spielchen zum Alltag vieler Familienväter. Die Variationsbreite der Attacken läßt im Laufe der Jahre nach, weil der Vorgang immer mehr zur Routine erstarrt. Das Verfahren läßt sich auch erheblich abkürzen, wenn man in seiner Rolle als Mann möglichst viele Bereiche seiner Persönlichkeit aufgibt. Mit seiner totalen Abhängigkeit von der Angetrauten hat diese ihr Ziel erreicht und Attacken werden zunehmend rituellen Charakter bekommen. Natürlich hat auch der Mann seine Chance, in jungen Jahren die Positionen abzustecken. Es bedarf allerdings einer fast militärischen Strategie und eines immensen Durchhaltevermögens, um das Terrain dauerhaft zu verteidigen.

Besonders der junge Mann braucht die Führung eines altgedienten Kämpen, um im Kampf der Geschlechter zu dominieren. Er muß beispielsweise den Schwiegervater für sich gewinnen, denn Diskussionen spielen sich selten nur in der Zweisamkeit ab. Meist wird die ganze Familie eingespannt. Die Schwiegermutter wird involviert und ein Angriff an mehreren Fronten gestartet. Der Psychodruck durch die »Seiteneinsteiger« kann dabei schlachtentscheidend sein. Nur ein seelisch gesunder Mann ist überhaupt in der Lage, dieses Inferno zu überstehen.

12
Warum es angeraten erscheint, mit Frauen keine Geschäfte zu machen

In einem komplexen Zusammenhang mit der Unmöglichkeit, mit Frauen zu diskutieren, steht auch die Unmöglichkeit, mit Frauen Geschäfte zu machen. Da sie anders denken, tätigen sie auch ihre Geschäfte anders, als dies unter Männern der Fall ist. Nun haben weitsichtige Unternehmer eine gewisse Regel, an der sie sich orientieren. Die lautet schlicht und ergreifend: »Warum soll ich unbedingt mit einer Frau Geschäfte machen, wo doch jeder zweite Mensch ein Mann ist...«

Wer so denkt, ist einigermaßen vor der Unbill des Lebens gefeit, die ihm weibliche Geschäftspartner bereiten können. Wie problemvoll sich die wirtschaftliche Zusammenarbeit mit einer Frau entwickeln kann, davon weiß jeder Anwalt zu berichten, der das fragwürdige Glück hatte, eine Frau bei einer Scheidung zu vertreten.

Auch im allgemeinen Geschäftsleben ist es eine gesicherte Erkenntnis, daß wirtschaftliche Verflechtung mit dem anderen Geschlecht nur von Übel ist. In den vermögenden Familien ist deshalb sichergestellt, daß nur männlicher Nachwuchs mit der Verwaltung des Geldes konfrontiert wird. Die Eheverträge, die betuchte Familien abgeschlossen haben, sind ein Beweis dafür, welche Vorsicht man walten läßt, um nicht irgendwann durch die Unwägbarkeiten weiblichen Verhaltens Haus und Hof zu verlieren.

Zahllose amerikanische Scheidungsaffären beweisen, welche Gefahr für den Mann entsteht, wenn er sich allzusehr abhängig macht vom Einfluß einer Frau. Oder sind die Scheidungs-Theater von Schauspielern Lehrbeispiele? Oder die geschäftliche Auseinandersetzung von Unternehmerehepaaren. Der ideale Anschauungsunterricht zum Thema »Geschäftspraktiken der Frau« sind amerikanische Fernsehserien.

Über die Probleme mit Erbinnen berühmter Dynastien wissen auch die Manager der Großindustrie eine ganze Menge zu berichten. So kann einem Geschäftsmann nichts Schlimmeres widerfahren, als plötzlich von einer Frau zum Profitmachen angehalten zu werden. Da werden Marketingpläne gemacht, die sich überall, nur nicht auf dem Boden der Realität abspielen. Da werden Investitionspläne beschlossen, die eklatant der Substanz des Unternehmens schaden. Gott sei Dank ist die Zahl der direkten Erbinnen gering, oder weitsichtige Unternehmer haben früh genug dafür Sorge getragen, die eigentlichen Macher im Betrieb mit Kompetenz und Macht auszustatten.

Es sind nicht nur die großen Beispiele, die belegen, daß die wirtschaftliche Zusammenarbeit von Mann und Frau eine üble Sache ist. Auch im kleinen erleben wir täglich genügend Beispiele, die das bekunden. Nehmen Sie nur den nächsten »Familienbetrieb«: die Bäckerei an der Ecke, das Optikergeschäft oder gar das familiengeführte Restaurant. Und achten Sie darauf, wie dort die Aktivitäten entfaltet werden. Nur in Ausnahmefällen hat man dabei das Gefühl, daß das betriebsführende Ehepaar »an einem Strang zieht«. Meist ist die Rivalität zwischen den Partnern offenkundig, der Dauerfrust gemeinsamer wirtschaftlicher Tätigkeit schnell nachvollziehbar.

Es gilt als ungeschriebenes Gesetz, daß eine gemeinsame wirtschaftliche Betätigung das Ende einer Partnerschaft bedeutet...
Jeder angestellte Mitmensch weiß, wie kompliziert es ist, in einem Büro oder einem Betrieb zu arbeiten, in dem sich Mann und Frau

gemeinsam die Betriebsführung teilen. Wenn der eine »hüh« sagt, gilt für den anderen das »hott«.

Dazu kommt die latente Angst der »Chefin« vor den Anbiederungskünsten der jungen Mitarbeiterinnen. Sie versucht, dieser Situation mit besonders starkem Druck entgegenzuwirken und übertreibt dabei immer. Hochgradig gefährlich ist das Eröffnen gemeinsamer Geschäfte. Das passiert besonders jungen Männern, die die Nähe zu ihrer Geliebten möglichst total gestalten wollen. Er sollte bedenken, daß mit jeder neuen Partnerschaft schier unlösbare Probleme auf ihn zukommen. Natürlich meint er jedesmal, endlich das große Los gezogen zu haben. Die Chemie im Kopf sollte er jedoch soweit beherrschen, daß er immer zwischen Sex und Geschäft unterscheiden und eins vom anderen konsequent trennen kann. Es gehört zu den Dummheiten des Lebens, daß der Liebesdrang der ersten Monate sich im Schmieden gemeinsamer Pläne äußert. Mit der dem Manne innewohnenden Vitalität werden die tollsten Ideen ausgeheckt. Da werden gemeinsam Häuser gekauft und Geschäfte eröffnet. Da steht die Welt kopf und harrt der gemeinsamen Eroberung. So aber fangen meist Elendsgeschichten an. Mit nachlassender Liebe und der Konfrontation mit den Reibereien des Alltags stellt er schnell fest, daß seine Auffassung vom Geschäftsleben sich nicht unbedingt mit der seiner Partnerin deckt. Sie geht auch im Geschäft von Gefühlen aus. Wenn man im Geschäftsleben aber eins nicht brauchen kann, dann sind das Gefühle. Die Frau in ihrer gefühlsbetonten Art nimmt in Krisen keinerlei Rücksicht darauf, ob das gemeinsame Geschäft dabei den Bach heruntergeht. Sie ist nur davon beseelt, die Macht der Gefühle auszuüben. Kommt es zum Eklat, geht es nicht um die Sache, sondern um die Verletzung persönlicher Eitelkeit. Abertausende Betriebe würden noch existieren, wenn Frauen weniger fühlen, sondern logischer denken würden. Aber das paßt in ihre kleinen Köpfchen nicht hinein.

Ein weiteres Beispiel mag die Problematik verdeutlichen. Sie begegnen ihr in allen Büros, in denen es einer Dame gelungen ist, sich die Zuneigung ihres Chefs zu sichern. Sie ist auf diese Weise plötzlich aus der Masse der anderen herausgehoben. Dagegen würde rein betriebswirtschaftlich nichts sprechen, wenn dadurch eine gewisse betriebsorientierte Dynamik erzeugt würde. Leider lehrt auch hier die Praxis, daß die beruflich gelifteten Geschöpfe ihre Vitalität nicht in den Aufbau des Betriebes stecken, sondern ihre neue Macht ganz eindeutig nach dem alten Rassisten-Motto ausleben: »Jeder braucht seinen Neger«. Jetzt wird die neugewonnene Macht all denen demonstriert, die bis dato als Rivalinnen im Kampf um die Gunst des Chefs gestanden haben. Diktieren, befehlen, den anderen Druck geben, diese für sich arbeiten lassen. Der Gunstbeweis an eine Mitarbeiterin führt zu Problemen im Betrieb, wenn der Boß nicht Macho genug ist, sich nach befriedigter Sexualfreude geschickt zurückzuziehen.

Ganz aktuell ist in diesem Zusammenhang immer noch der Blick in die deutsche Parteienlandschaft, wo die Quotenregelung seltsame Blüten zeigt. Spätestens hier müßte den Verantwortlichen doch einigermaßen aufgegangen sein, daß diese Art des demokratischen Verständnisses überhaupt nicht funktioniert und letztlich zum Schaden des Gemeinwohls ist. Die wenigen positiven Beispiele, die es gibt, sollten nicht davon abhalten, der Gesamt-Situation kritisch zu begegnen. Wie sagt dazu der erfahrene Unternehmer: »Kein Geschäft machen ist besser als ein schlechtes Geschäft machen!« Also: Finger weg von den Geschäften mit Damen!

112

13
Ich mag Frauenbewegungen –
solange sie schön rhythmisch und
gleichmäßig sind

»Das ist wohl ein Witz«, wird angesichts dieser Überschrift so manche engagierte Frauenrechtlerin ausrufen. Recht gehabt. Es ist ein Witz, und zwar einer von der herben Sorte, mit der Männer sich in geselliger Runde vom Dauerfrust befreien. Witze sind ein wichtiges Kommunikationsmittel in der Männerwelt. Unter Freunden ist immer einer Experte für diese Form der Unterhaltung. Nun sagt man, daß Witze nacherlebte Situationskomik seien. Denn wer hat schon jemals einen richtigen Witz nur durch Nachdenken entwickelt? Witze sind das Basismaterial für Kabarett, für Fernsehsendungen, für Sketche im Rundfunk. Wenn also der Witz tatsächlich nacherlebte Situationskomik ist, dann muß sich in deutschen Schlafzimmern eine Menge Komik abspielen. Wo sonst kämen die vielen Sex-Witze her, die täglich die Runde machen? Denn wenn man vom liebevollen Kinderwitz und vom alltagstauglichen Gebrauchswitz absieht, dann besteht die Welt der Witze immerhin zu 80 Prozent aus Sex-Witzen. In Witzen amüsiert man sich über Abnormitäten und kuriose Absonderheiten. Besonders Randgruppen werden hart rangenommen. Ihre Existenz nimmt der Witz bissig aufs Korn. Der homosexuelle Mann, der so gar nicht ins Weltbild des heterosexuellen Mannes paßt, hat besonders unter dem Witz zu leiden. Die lesbische Frau hingegen ist nur selten Gegenstand von Männerwitzen, wahrscheinlich deshalb, weil es sich männlicher Vorstellungskraft entzieht, welche Freude Frauen miteinander haben können, ohne daß der Lümmel des Mannes mitspielt.

Es gibt Zeitschriften, die ständig neue Witze ausgraben und diese publizieren. Besondere Freude bereiten die Witze in Männermagazinen, die in Sachen Sex von großer Attraktivität sind. Monat für Monat erhält etwa eine halbe Million Leser allein in Deutschland Spaßmacher-Munition, um an der Biertheke glänzen zu können. Die Witze breiten sich aus wie Infektionskrankheiten, werden von Theke zu Theke, von Meeting zu Meeting weitergegeben. In letzter Zeit ist jedoch ein Trend an Witzen erkennbar, in dem ganz eindeutig die Frau »abgefrühstückt« wird. Die erste Auflehnung gegen die Penetranz der Frauenbewegung drückt sich in diesem Ablaßventil aus. Und dem Erzähler sind die Lacher sicher, wenn er einen von den Emanzen-Witzen aus der Schublade zieht. Hier drückt sich aus, daß das Maß an Druck, der von der Frauenbewegung da auf die Männer ausgeübt wird, über kurz oder lang den Kessel zum Platzen bringt. Männer sind bis zu einem gewissen Punkt leidensfähig. Bevor ein Mann »hysterisch« wird – eine absolut weibliche Charaktereigenschaft –, muß viel Zeit ins Land gegangen sein. Im Witz wird der Punkt spürbar, wo die Männer es satt haben, für ganze Heerscharen von bornierten Lesben den Popanz zu machen.

Die Menge der Witze ist nicht zählbar. Täglich entstehen irgendwo auf irgendeine Weise Dutzende neuer. Je frivoler sie sind, desto schallender das Gelächter. Das Witzeerzählen über die Pikanterien des Verhältnisses Mann/Frau gehört zum Mann wie sein Penis. Wo mehr als drei Männer in einer weiberlosen Runde zusammensitzen und mehr als ein Bier trinken, dauert es keine zehn Minuten, bis irgendein versauter Witz die Runde macht. Es ist gigantisch, wie die Existenz von Vagina und Penis in den Köpfen von Männern eine Witzkanonade ohnegleichen erzeugt. Woche für Woche sind Dutzende Sex-Zeitschriften gefüllt mit Witzen zum

Thema Nummer eins. Das zeigt, wie wichtig die Triebregulierung für die Männerwelt ist. Bemerkenswerterweise sind aber auch Frauen nicht gerade zimperlich, wenn es um Sexwitze geht. Sie lachen mindestens genau so schallend wie die Männer über die verbalen Frivolitäten. Fraglich ist, ob die Freude bei Frauen tatsächlich impulsiv ist.

Männer wissen in der Regel zu unterscheiden, ob ein Witz einer Frau noch zugemutet werden kann und welcher nur in trauter Männerrunde erzählt werden sollte. Sexwitze, im Beisein von Frauen erzählt, sollen möglichst immer erotische Kompetenz haben. Der Sexwitz für Frauenohren soll eine stimulierende Wirkung haben. Der Sexwitz kennt keine Klassen. Er ist nicht etwa dem Proletariat vorbehalten, sondern gehört bis in die feinste Herrenrunde hinein zum gesellschaftlichen Standard-Repertoire. Er wird dort auch keineswegs artiger formuliert, sondern mit der gleichen Deftigkeit wie am letzten Biertresen im Ruhrgebiet.

Er ist ein wichtiges Mittel zum Abreagieren von häuslichem Frust, eine Krücke, um die Gemeinheiten der Frauen zu Hause zu kompensieren, wenn er nicht gerade in gemischter Runde als erotischer Stimmungsmacher eingesetzt wird.

Stellvertretend für die Abstufungen mögen die nachfolgenden Beispiele dienen. Da ist zunächst einmal der Witz, mit dem sexueller Kontakt erreicht werden soll: Er erfreut die Damenrunde und vermittelt das Gefühl, daß die Männer »ohne das« nicht existieren können: Der Ehemann kommt von der Geschäftsreise zurück und findet im Wohnzimmer drei Italiener. »Was geht hier vor?«, fragt er empört, und einer antwortet: »Nix, nix vor, erst Antonio, dann Enrico, dann ich, dann du!«

Na, mit einem solchen Witz kann man doch jede Party in Bombenstimmung versetzen. Er beweist, wie wichtig Frauen für das Leben des Mannes sind, bewirkt einen gewissen erotischen Kitzel und ist für alle Beteiligten nachvollziehbar. Wichtig ist: Er beleidigt keine Frau, sondern beweist wie abhängig die Männer vom anderen Geschlecht sind. Diese Art von Partywitz macht deshalb auch unter Frauen in unendlichen Variationen die Runde.

Die Abhängigkeit von der Frau drückt sich auch bei Witzen aus, in denen eine gewisse Verweigerung seitens der Frau die Hauptrolle spielt.

Ein Mann kommt zum Arzt. »Herr Doktor, ich habe drei Eier!« Der Doktor fühlt, spricht von zweien, wird aber immer wieder beharrlich auf die vermeintlichen »drei« aufmerksam gemacht. Nach einer gewissen Zeit gibt der Patient zu, daß er wohl doch nur zwei habe. Auf die empörte Frage des Arztes, warum dieser ihm die Zeit stiehlt, kommt die Antwort: »Ich komme nach Hause, kein Bier im Kühlschrank, nix im Fernsehen, die Frau hat die Tage, da hab' ich mir gedacht, ich geh' zum Arzt und laß mir die Eier kraulen!«

Die Sexualabhängigkeit des Mannes läßt sich kaum besser illustrieren. Auch dieser Witz paßt in eine Damenrunde, weil er ausdrückt, daß es ohne Frauen nur eine halbe Sache ist.

Nicht mehr ganz astrein ist allerdings eine dritte Kategorie Witz, die beweist, daß es neben der etablierten Damenwelt auch noch andere Gelegenheiten gibt, sich zu ergötzen. Im sensibleren Damenkreis werden diese Witze nur mit Vorbehalt erzählt, weil Themenbereiche berührt werden, die man zwar an jeder Ecke sieht, die aber tunlichst im weiblichen Denken verdrängt werden.

Da ist zum Beispiel der Witz mit Ackermann und seiner Frau: Die beiden kommen durch das Rotlichtviertel. Frau Ackermann ist neugierig, was sich hinter den glänzenden Fassaden so alles tut. Sie redet so lange auf ihren Mann ein, bis dieser bereit ist, mit ihr ein Lokal zu besuchen. Das Fensterchen öffnet sich und ein freundlich dreinschauender Mann ruft: »Hallo Ackermann«. Die etwas verunsicherte Ehefrau wird über diesen netten Zuruf aufgeklärt, daß es sich um einen Kollegen handelt, der hier aushilfsweise den Türsteher spielt.

An der Kasse beim Lösen der Eintrittskarten wartet eine freundliche Dame mit einer erneuten Begrüßung auf: »Hallo Ackermann«. Auch hier wird der stirnrunzelnden Gattin klargemacht, daß dies die Frau vom Türsteher ist, die mithilft, um das Geld für das Eigenheim zu verdienen. An der Garderobe die gleiche Situation:»Grüß Gott, Herr Ackermann«. In diesem Falle ist es laut Ackermann die Cousine von dem Ehepaar, die Geld fürs Fernsehgerät braucht. Im halbdunklen Varieté-Raum kommt der Kellner, der da fragt:»Was darf es sein, Herr Ackermann?« – Es ist der Bruder vom Türsteher, der mithilft, den Bausparvertrag abzubezahlen. Die Bühne wird erleuchtet, das Girl zeigt, was sie zu bieten hat. Als nur noch das Höschen bleibt, kommt die Frage ans Publikum:»Na, wer kriegt denn heute mein Höschen?« Das Lokal brüllt:»Ackermann!«Jetzt ist's genug. Frau Ackermann, hat ihren Mann auf frischer Tat ertappt. Schleift ihn hinaus, zerrt ihn in ein Taxi und schimpft auf ihn ein. Da dreht sich der Taxifahrer um und meint:»Mensch Ackermann, hast Du Dir heute eine heiße Flamme genommen...«

Was lernen wir aus diesem Witz? Er charakterisiert das Wechselbad der Gefühle zwischen Familie und Triebbewältigung, in der sich die Männerwelt befindet. Er zeigt anschaulich, wo die Gesellschaft die Tabuzonen abgesteckt hat. Er offenbart aber auch, wie problemvoll das Zusammenleben zwischen Mann und Frau letztlich ist.

Dieser Witz berührt schon eine gewisse Schwelle im Erzählverhalten. So wird er üblicherweise selten im Beisein von jungen Frauen erzählt. Gestandene Ehefrauen allerdings werden mit den Realitäten des Daseins konfrontiert. Die Empörung ist im Laufe der Jahre verschlissen. Nach unten sind dann keine Grenzen mehr gesetzt. Da nehmen die Witze kein Ende, die sich mit dem Alltäglichen des Ehelebens beschäftigen. Besonders das Problem, den Frauen Spaß am Sex zu machen, findet hier ihren Niederschlag.

Ein Franzose erzählt einem Berliner, wie er seine Frau verführt. »Isch zieh sie vorsichtig aus. Ganz langsam. Stück für Stück. Küsse sie und streichle sie. Wenn isch dann ihren Bauchnabel sehe, schütte ich einen kleinen Spritzer Champagner dahin und schlürfe ihn aus...« Fragt der Berliner,»kann man det ooch mit Bier machen?«

Der Realismus des deutschen Ehe-Alltags drückt sich kaum besser als in diesem Witz aus. Er zeigt die Resignation in Sachen

Partnerschaft. Er beweist aber auch, daß der Mann von erheblicher Sachlichkeit geprägt ist.

Auch der nächste Witz zielt aufs Alltagsleben: Hier unterhalten sich ein Franzose, ein Italiener und ein Berliner, was sie anstellen, um ihre Frau besonders wild zu machen. Der Franzose macht's (wie immer) bei Kerzenschein und Romantik, küßt sie solange, bis sie vor lauter Leidenschaft zerfließt. Der Italiener bringt die Frau mit seiner ganzen mediterranen Leidenschaft zum Erglühen. Was macht unser Ebenbild: »Ick komm nach Hause, schmeiß die Alte aufs Bett, nagel sie schnell durch und putze mir det Ding an der Jardine ab. Wat mehnt ihr, wie die dann wild wird...!«

Schon brüllen deutsche Männer vor Vergnügen, wenn dieser Witz die Runde macht. Sie haben ihre persönliche Situation genau vor Augen, können sich bequem identifizieren mit dem, was da spaßeshalber erzählt wird.

Ganz unten und top secret für Frauen machen dann nur noch Witze die Runde, die wirklich vom Problem zwischen Mann und Frau zeugen. Sie sind keineswegs einer kleinen Minderheit vorbehalten, sondern werden in allen Kreisen humorig aufgenommen.

Hier ein typisches Beispiel: Die optimale Frau ist 1,20 Meter groß und hat einen viereckigen Kopf: So kann sie einem im Stehen einen blasen und man kann in Ruhe das Bier auf ihr abstellen.

Wie, den Witz finden Sie empörend? Er macht doch millionenfach die Runde! Es gibt keine Männergesellschaft, die nicht davon Kunde genommen und herzlich gelacht hätte.

Wenn Sie aber jetzt meinen, an der tiefsten Stelle des üblichen Niveaus angekommen zu sein, dann möge Ihnen die Tatsache, daß der Witz regelmäßig eine Steigerung bewirkt, zur weiteren Verblüffung helfen: »Die noch bessere Frau ist nur 70 Zentimeter groß: Die bedient unter dem Tisch«!

Nun ist es müßig, darüber nachzudenken, »ob sich so was gehört«. Die Tatsache, daß täglich hunderttausendfach Witze dieser Art von erwachsenen Männern erzählt werden und weder als peinlich noch als ungehörig gelten, zeigt doch am ehesten, daß zwischen Beziehungswunsch und Beziehungswirklichkeit Lichtjahre liegen. Tatsachen lassen sich weder verschweigen noch einfach unter den Teppich kehren. Die Art und Weise, wie die Frau im Witz dargestellt wird, sagt eine Menge über das Verhältnis zwischen den Geschlechtern aus.

Bei den Männern ist der Witz ein Mittel, um weiblicher Dominanz und Einflußnahme zu begegnen. Lachen entkrampft, bewirkt einen Stimmungsumschwung. Ähnlichen Fatalismus ob der unabänderlichen Situation bewies doch auch immer die DDR, in der sich eine unendliche Anzahl von Witzen über das Elend des staatsgelenkten Sozialismus entwickelt hatte.

Wegdiskutieren können wir sie nicht – die Witze. Und eins sollte man auch nicht vergessen. Frauen pflegen Rituale auf ähnlichem Niveau. Die sollen sogar noch erheblich radikaler sein als die der Männer. Doch dringt so etwas nicht bis zur Männerwelt durch, sondern wird im trauten Kreis gepflegt.

14

Die Heirat – there ist no business like show-business

Der größte Teil der Männer ist sich nicht der wirtschaftlichen Konsequenzen bewußt, die eine Ehe nach sich zieht. Die Lockerheit, mit der die für Lebenszeit geltenden Trauscheine unterschrieben werden, zeugt oft von grenzenloser Einfalt. Die Zahl der Männer, die, ohne mit der Wimper zu zucken, das wichtigste Stück Papier ihres Lebens anstandslos akzeptieren, geht in die Millionen. Selbst die armseligste Ehe kostet im Laufe eines Lebens doch immerhin nahezu eine Million Mark. Dieses Geld, auf die hohe Kante gelegt, würde mit Zins- und Zinseszins zu einem stattlichen Multimillionen-Vermögen heranwachsen. Wenn sie aber da sitzen, feingemacht und von sakralen Sprüchen verwirrt, unterschreiben die meisten Männer das vorgelegte Papier, ohne auch nur den leisesten Versuch zu unternehmen, das Risiko einzuschränken. Wenn diese Herren der Schöpfung hingegen ein gebrauchtes Auto kaufen, dann werden für ein paar lumpige tausend Mark Verträge gemacht und Probefahrten durchgeführt, Mängelrügen erteilt, daß einem die Luft wegbleibt. Selbst der Mietvertrag für die mieseste Altbauwohnung wird auf Schwächen hin abgeklopft, daß einem schwindelig wird. Bei der Ehe ist alles ganz anders. Nur zu gerne erinnere ich mich an eine Plauderei zwischen zwei Scheidungsanwälten auf dem Flur eines Gerichtsgebäudes. Deren Unverständnis ob der Blauäugigkeit ihrer Klientel drückte sich in jedem Satz aus. Männer sind viel zu gutmütig, wenn es darum geht, den Bund fürs Leben zu schließen. Irgendwie rastet bei den Jungs etwas aus, wenn die Traumfrau ihnen das Eheversprechen abluchst.

Eine kluge Frau versteht es, ihren Auserwählten wie einen Augapfel zu hüten, bis er das so wichtige Papier unterzeichnet hat. Von Fall zu Fall treten hier höchst unterschiedliche Gesetze in Kraft. Zunächst kommt Millionen Frauen zugute, daß sich Millionen Männer, die sich zwar in Sachen Sexualität bestens auskennen, über die Folgen einer Ehe keinerlei Gedanken gemacht haben. Die sehen im Trauschein vorerst einmal nur die Legitimation, daß das ganze Tun jetzt staatlich abgesegnet ist. Da besonders in jungen Jahren die Zukunftsaussichten für den jungen Mann nicht vorstellbar sind, denkt er auch nicht über die Folgewirkungen seiner Eheschließung nach. Mögliche Spätschäden, wie es die Mediziner bezeichnen, werden nicht erkannt oder geflissentlich übersehen. Auch der Raucher denkt nicht darüber nach, ob er seine Gesundheit ruiniert, wenn er in jungen Jahren zur Zigarette greift.

Leichtlebigkeit und Jungenhaftigkeit lassen den jungen Mann nichts Böses ahnend in die Ehe schlittern.

Hier werden in jungen Jahren die Stolpersteine für das gesamte Leben gelegt. Manches Einfamilienhaus, manche Arztpraxis, manche Kfz-Werkstatt wurden schon in Zwangsversteigerungen verschleudert, nur weil zu Beginn der frischen Ehe keine Verträge gemacht wurden.

Junge Männer sind wie Lämmer. Freundlich, gutmütig, fröhlich. Nicht eine Spur an Vorsicht. Da der Mann im Wesen großzügig ist und sich besonders in jungen Jahren auch nach dem Prinzip »Du hast, solange Dein Freund hat«, leben, schwant ihm nichts Böses. Die Kritiklosigkeit kommt den Frauen zugute. Ehen werden geschlossen »auf Teufel komm raus«, und selbst in intelligenten Familien warnen weder Papa noch Mama davor, was da wirtschaftlich auf den jungen Ernährer zukommt. Bemerkenswert ist, daß in der Phase des Aufgebots die jungen Glücksgöttinnen eine Friedlichkeit an den Tag legen, wie sonst nie mehr in ihrem weiteren

Leben. Nur ganz am Anfang ihrer Akquisitionsbemühungen hat die junge Braut sich so sexbedürftig gezeigt wie in den so wichtigen Tagen vor der entscheidenden Unterschrift. Wenn irgendwann Harmonie herrscht zwischen beiden, dann in den wenigen Wochen zwischen Aufgebot und Trauung.

Eine traditionsreiche Maschinerie fördert diesen Harmonierummel. Beide Familien entwickeln eine liebevolle gegenseitige Anpassung, Schwiegerväter verbrüdern sich und lassen die Schnapsflasche kreisen. Schwiegermütter, die sich mit Eierlikör zuprosten, tauschen Eheerfahrungen aus.

Eine gezielte Hektik sorgt dafür, daß der junge Bräutigam bei Laune gehalten wird: Da werden Schlafzimmer gekauft, Einbauküchen bestellt, der passende Anzug ausgesucht. Die Braut wird in diesen Wochen taufrisch gehalten, täglich gebadet, gesalbt und dem Jungen täglich neu in ihrer ganzen Schönheit vorgeführt. Des Abends werden Hochzeitskarten geschrieben, Sitzpläne für die Futter-Orgie entwickelt und ein stattlicher Mietwagen für die Fahrt zu Standesamt oder Kirche gemietet. Und die Reise in die Flitterwochen muß ebenfalls vom Feinsten sein, damit der unter Arbeitsvertrag genommene Jungmann zumindest ein letztes Mal das Gefühl hat, eine goldrichtige Entscheidung gefällt zu haben.

Interessant ist dabei die Finanzierung. Alle Kosten, die mit der Braut zusammenhängen, werden von ihrem Vater übernommen. Und in besseren Familien ist es üblich, dem jungen Gatten eine Starthilfe mit auf den Weg zu geben – die sogenannte Mitgift! Wenn das Wort nicht aus dem Englischen käme (gift = Geschenk), könnte es einen gruseln machen! Dennoch: Selbst die stattlichen zehntausend Mark, die der erleichterte Schwiegervater seinem Töchterchen mit auf den Weg gibt, sind nichts im Vergleich zu den Unsummen, die der Unterhalt der Angebeteten den neuen Ehemann zukünftig kosten wird.

Der Grad der Sympathie, die der heiratswütige Knabe bei seinen zukünftigen Schwiegereltern genießt, ist in hohem Maße von seiner Ausbildung und seinen zukünftigen beruflichen Möglichkeiten abhängig. Charme – das wissen die Eltern – ist relativ. Liebe –

das wissen sie ebenfalls und erleben es an sich selbst täglich neu – vergeht im Laufe der Jahre und weicht dem Alltagseinerlei. Auch das gute Aussehen hält nur noch einige Jahre an – sowohl bei der Frau als auch beim Manne. Es fällt also auch als Kriterium für ehelichen Frieden aus.

Da die Eltern, gebeutelt vom Zug der Zeit, eine höchst rationale Einstellung zum Gefühl entwickelt haben, orientiert man sich eher an den wahren Gaben und Begabungen des jungen Gatten: Eine gute Ausbidung oder die Aussicht auf ein stattliches Erbe sind erheblich wichtiger als ein gutes Herz. Arg beäugt wird auch die Triebhaftigkeit des jungen Bockes. War er in jungen Jahren hemmungslos, dann könnte sich das irgendwann zum Schaden des Töchterchens auswirken. Solchen Burschen kann man nicht trauen. Starker Sexualtrieb wird nur dann toleriert, wenn die Intensität in Relation zum erzielbaren Wertzuwachs steht. Bringt der junge Mann einen ganzen Häuserzug mit in die Ehe, darf er sich ruhig mal einen Fehltritt leisten. Arm und »geil« allerdings findet vor den Augen von Schwiegereltern keine Gnade. Hier würden Vater und Mutter ihren ganzen Einfluß geltend machen, um dem Töchterchen von einer Ehe abzuraten. Eltern sind dabei höchst egoistisch. Denn der Gedanke, daß die, die einmal aus dem Haus ist, in wenigen Jahren vielleicht mit einem Kind an der Hand wieder vor der Türe steht und der Familie erneut zur Last fällt, graust die Eltern. Vater denkt da besonders praktisch: Je früher das Mädchen aus dem Haus ist, desto kostensparender ist das weitere Leben für ihn. Mutter sieht das genauso. Da man als Frau allerdings mit solchen merkantilen Gefühlen nicht an die Öffentlichkeit darf, würde sie so etwas auch nie zugeben.

Natürlich beschäftigen sich auch die Erzeuger des frischgebakkenen Ehemannes mit der Zukunft ihres Sohnes. Als durchaus angenehm wird empfunden, wenn die junge Braut »was an den Füßen hat«. Da dies jedoch nur in Ausnahmefällen zutrifft, zählen auch andere Werte. Das »angenehme Wesen« haben die meisten Bräute vorzuweisen. Es fällt einer Frau leicht, für einen begrenzten Zeitraum angenehmes Wesen vorzutäuschen. »Hübsch« ist relativ, wie Mutter weiß. Intelligenz kann nicht schaden. Wichtig ist aber für Mutter die Antwort auf die Frage: »Ist sie gut zu meinem Sohn?« Diese Sorge um den Sohn ist eine Folge der unterschwelligen Schuldgefühle, die sich in den fünfundzwanzig Jahren ihrem Manne gegenüber aufgebaut haben.

Papa konzentriert sich mehr auf die wichtigen Sachen im Leben. Er seziert die zukünftige Bettgesellin seines Sohnes innerlich mit den Augen eines Mannes: »Hoffentlich ist was dran an ihr«, geht es ihm so durch den Sinn. Er hat dabei ganz konkrete Vorstellungen von den Qualitäten, die er seinem Sohn für die Zukunft wünscht. Nur sagen darf er das um Gottes willen nicht!

Die Gaben, die die Brautleute mit in die Ehe bringen, sind also höchst unterschiedlich: Bei der Frau ist es die sexuelle Ausstrahlung, die für den Augenblick der Augenblicke aufbereitet wird, nebst einer Kiste mit Banalitäten wie Bettwäsche und einem möglichst fünfstelligen Obulus.

Vom zukünftigen Ehemann erwartet man etwas mehr: Er hat sich und seine ganze Arbeitskraft sowie sein momentanes Vermögen für die Sicherstellung des gemeinsamen Lebens einzubringen.

Im Countdown vor der Eheschließung werden alle Register gezogen, damit dieses tolle Geschäft auch klappt. Selten im Leben wird man noch einmal Abschlüsse in Millionenhöhe tätigen dürfen, wie es hier der Fall ist. Nur wenige Manager in der Industrie operieren locker mit Millionenbeträgen. Doch das, was sich hier tut, spielt sich in aller Bescheidenheit ab, wird abgehandelt wie der Kauf einer Waschmaschine mittels Bestellschein im Versandhauskatalog, ohne daß die Dimensionen des Deals bewußt werden.

Unglaublich wichtig ist es, den jungen Mann in den letzten Tagen vor dem großen Coup so richtig bei Laune zu halten. So darf er mit offizieller Genehmigung noch einmal einen »Junggesellen-Abschied« feiern. Ist das nicht irre? So wie jemand, der zum Schafott geführt wird, einen letzten Wunsch hat, so darf unser junger Delinquent sich mit seinen alten Kumpels noch einmal »richtig die Hucke vollaufen lassen«! Wohlgemerkt, es soll ein letztes Mal sein, denn danach hört das lustige Treiben auf. An diesem letzten

Abend darf er auch bis in die frühen Morgenstunden unterwegs sein. Wenn er das vierzehn Tage später macht, bekommt er dafür Schelte und Sexualverweigerung. Auch der Polterabend gehört zum Ritual der Hochzeit. Zur besonderen Luststeigerung hat die Volksseele hier das Spielchen des »Braut-Raubens« entwickelt. Seine alten Kumpel spannen ihm noch mal das Mädchen aus und ziehen mit ihm durch irgendwelche Kneipen. Er muß sich auf den Weg machen, die Entführte wiederzufinden und seine Angebetete mit Unmengen Bier und Schnaps freikaufen. Die Aktion bewirkt zweierlei: Sie soll ihm den Wert der Braut bewußt machen: Er ist es, der sich »was gekauft« hat. Während käufliche Liebe normalerweise verpönt ist, spricht hier nichts dagegen, sich eine Braut zu kaufen! Ferner soll die Aktivität den anderen noch nicht verheirateten Jungs die Idee schmackhaft machen, sich auch so eine Möglichkeit der permanenten sexuellen Betätigung zu erwerben! Bei professionell durchgeführten Ehevorbereitungen achtet die Schwiegerfamilie darauf, daß der sexuelle Kontakt des jungen Mannes mit seiner Braut während der Aufgebotsphase unterbleibt. Bei ihm muß sich die Spermaproduktion so aufstauen, daß sich ihm die Schädeldecke hebt, dann ist er richtig präpariert für die Unterschrift vor dem Standesbeamten. So läßt man den Delinquenten also gut und gerne noch vierzehn Tage herumtoben, achtet aber sorgsam darauf, daß er stets in Begleitung ist und nicht noch in letzter Sekunde Fahnenflucht begeht. Die ist in der Tat auch selten, weil der unterdrückte Trieb gepaart mit anderen Erwartungen an das Show-Business »Hochzeit« sein Denken nur noch in die eine Richtung zielen läßt: Die Paarung mit seinem Weib! Höhepunkt ist der Tag der Trauung. Er wird inszeniert wie eine Seifenoper! Zunächst wird unser Delinquent gebadet, rasiert und in feinstes Tuch gewickelt. Sollte er aufgrund der durchsumpften letzten Nächte nicht mehr gehfähig sein, wird Kaffee in ihn hineingeschüttet, bis er sich einigermaßen auf den Beinen halten kann.

Aber auch nicht zuviel, denn die Hand darf nicht zittern, damit er problemlos die Unterschrift leisten kann. Auch darf im Kopf ein gewisser Restalkohol verbleiben, denn der lenkt vom Wesentlichen ab.

Zur gleichen Zeit wird die Braut präpariert. Weiß muß es sein, um Jungfräulichkeit zu suggerieren. Selbst ein Gebrauchtwagen wirkt in Neulackierung zumindest nach außen wie ein Neuwagen, lehrt die Erfahrung. Nie mehr im Leben wird sie von dieser Schönheit sein. Alles, aber auch alles, was irgendwie zu mystifizieren ist, wird soweit getürkt, daß der vernebelte Blick des zukünftigen Arbeitssklaven die Erscheinung eines Engels wahrzunehmen scheint. So wird sie ihm präsentiert. Er nimmt sie an den Arm. Die Szene ist so hochgeputscht, daß selbst ein hartgesottener Mann von Emotionen geschüttelt wird. Um ihn herum aufmunternde Blicke. Sie alle scheinen ihm mitteilen zu wollen: »Junge, du hast Glück gehabt.« Er meint, Neid in den Gesichtern zu sehen. Das macht ihn stolz. Er hat sich zum ersten Mal im Leben was scheinbar Wertvolles gekauft. Ein Wertobjekt, ein Statussymbol. Und niemandem wird es gelingen, ihm dieses Goldstück wieder abzunehmen!

Mit diesem Gefühl schreitet er vorwärts, seine Errungenschaft hat sich an seinem Arm geklammert, ängstlich, zart, Schutz suchend. Die Spannung steigt bis in Unerträgliche, wenn der Standesbeamte ihm eindringlich darstellt, welche Pflichten er ab heute auf sich nimmt. Er hört aus allem nur heraus, daß er ein unglaublicher Glücksbursche ist, der sich die Frau für's Leben geangelt hat.

Von jetzt ab geht es rasch. Ein *Ja, ich will.* Und seine Unterschrift. Der Vertrag ist perfekt. Ein Supergeschäft: Er hat das Gefühl, etwas erworben zu haben, das absolut exklusiv ist. Er merkt gar nicht, daß er nichts weiter erworben hat als die lebenslange Knechtschaft. Und alle rundherum lächeln, wobei noch keiner analysiert hat, ob dieses Lächeln nicht eine schadenfrohe Komponente enthält: Reingefallen!

Aus humanitären Gründen läßt man das Ganze psychologisch geschickt ausklingen: Die Gratulation, Blumen und jede Menge Kaffeemaschinen, Windlichter, Bettbezüge und Edelstahl-Töpfe im Austausch gegen Kotelett, Kaffee, Kuchen und Körnchen. Allseits wird das Paar bestaunt wie die Pandabären im Zoo. »Was für eine schöne Braut«, hört der junge Besitzer allerorten. Jeder bleut ihm ein, wie gut und klug seine Wahl war.

Auch eine Belohnung für seine Unterschrift gibt's: Die Hochzeitsreise. Oft gestiftet vom Schwiegerpapa, möchte man dem jungen Lebenslänglichen noch einmal die Chance geben, an das Gute im Menschen zu glauben. Im passenden Pauschal-Arrangement darf er noch zwei, drei Wochen hemmungslos kopulieren, bis der Alltag über ihn hereinbricht und ihm die Augen öffnet, was er mit seiner leichtsinnigen Unterschrift angerichtet hat. Seine Chance, freizukommen, ist 2:3! Das Mittel heißt Scheidung.

15
Scheidung – das große Zocken

Die statistische Chance, an einer Lustseuche zu sterben, liegt ungefähr im Zufälligkeitsbereich eines höheren Lottogewinnes, wird aber von allen Seiten unglaublich dramatisiert. Die statistische Chance, daß eine Ehe in die Brüche geht, liegt im Wahrscheinlichkeitsbereich, bei Regenwetter naß zu werden. Diese Tatsache wird aber totgeschwiegen. Kein Standesbeamter hat sich je als Berater bei Eheverträgen verstanden. Kein Pfarrer hilft den jungen Leuten, die wirtschaftliche Seite des Lebens zu ordnen. Der volkswirtschaftliche Schaden von Scheidungen ist erheblich größer als der, den Lustseuchen je verursachen werden. Und dennoch: Das eine wird mit Millionenaufwand im Bewußtsein gehalten, das andere gehört zu den undiskutierten Themen. Die meisten Ehen werden immer noch ohne Eheverträge geschlossen, weil der Mann mit allen nur möglichen psychologischen Tricks davon abgehalten wird, über sein Tun nachzudenken. Die Trennung avanciert zum großen Kassemachen. Besonders betroffen sind die Strebsamen, die mit Fleiß und Zähigkeit nicht nur jahrelang die Familie ernährt, sondern darüber hinaus auch noch ein bescheidenes Guthaben aufgebaut haben. Das ist ihnen nicht in den Schoß gefallen – dafür haben sie viele Jahre hart und intensiv gearbeitet! Sie haben ihre Gesundheit, ihre Kraft und Ausdauer investiert. Wehe aber, ein solchermaßen fleißiger Streber kommt auf die Idee, seinen Arbeitsvertrag bei der Dame aufzukündigen, die ihm damals parfümiert und gepudert das Ja-Wort abgerungen hat. Dann ist das Drama groß. Obwohl die Gesetze von Männern gemacht wurden, sind sie verblüffenderweise so ausgefallen, daß die Frauen dabei die Nutznießer sind. Ein deutliches Zeichen dafür, daß die Männer zu gut sind für diese Welt! Durch welche Infiltrationen ist es der weltumspannenden Weibermafia eigentlich gelungen, die Gesetzgebung so zu beeinflussen, daß der Mann, der sich mit dem Thema »Scheidung« beschäftigt, unter der drohenden Bürde der Leistungen förmlich zusammenbricht?

Generell wird alles in einen Topf geworfen, was an Vermögenswerten da ist. Dann wird das Ganze durch zwei geteilt. Darüber hinaus hat sie das Recht auf eine lebenslange Rente, die als Unterhaltsanspruch definiert wird, und auch an der Altersversorgung partizipiert sie. Wenn Kinder da sind, ist der Ofen völlig aus! Die gehören der Mutter, wem sonst, und der Papa darf monatlich das Scheckheft zücken.

Die Tatsache, wer denn die weibliche Bequemlichkeit jahrelang finanziert hat und dafür seinen Buckel krumm gemacht hat, steht nicht zur Diskussion. Die Unmengen an Kosmetika, die Urlaubsreisen, die Fummel aus der Boutique, die Juwelen, das Zweitauto, die Kaffeeklatsch-Orgien mit der Freundin – nichts wird dem armen Trennungsbedürftigen angerechnet. Hätte er das geahnt, dann wäre er lieber unbeweibt geblieben und hätte die ganze schöne »Kohle« auf den Kopf gehauen und hätte sich nicht so abgestrampelt. Es interessiert den Gesetzgeber auch einen feuchten Schmutz, daß der Mann durch seine Schufterei enorm viel Lebensqualität eingebüßt hat und durch den körperlichen Verschleiß sein Leben um ein paar Jahre verkürzt hat. Erschütternd wirkt es auf redliche Männer, zu erleben, wie die liebende Gattin in dieser Stunde wie nie zuvor in ihrem Leben von einer Raffgier ohnegleichen befallen wird. Jedes irgendwie verwertbare Teil wird dem Mann entrissen. Im Großen wie im Kleinen wird gerafft, gehortet, weggebaggert, was auch immer an wirtschaftlicher Substanz zur Seite zu schaffen ist.

Wer bis dato noch immer geglaubt hat, daß die Frauen in der

Ehe nur eine Erfüllung ihrer Träume sehen, muß nun feststellen, wie furchtbar er sich getäuscht hat. Noch einmal richtig Kasse machen, ohne sich anstrengen zu müssen, ist in diesen dunklen Wochen und Monaten das einzige Sinnen und Trachten der Eheweiber.

Wenn keine Regelung getroffen war, klappt es auch in fast allen Fällen: Ohne einen Finger zu krümmen, bilden ausgebuffte Frauen bei einer Scheidung ein beachtliches, kleines Vermögen. Das Prinzip der Teilung ist klar: Er bekommt nichts, ich bekomme alles! An dieser Tatsache gibt es nichts zu rütteln. Von der Cleverness eines guten Rechtsanwalts hängt es ab, bei dieser Art der Aufteilung zumindest noch Bruchteile des Lohns der vieljährigen Schweißarbeit des Mannes zu retten. Besonders wirtschaftlich angenehm ist für sie die Trennung, wenn Kinder da sind. In solchen Fällen erhält die »verlassene Frau« bis zu 70 Prozent des Einkommens und hat bis an das Ende ihrer Tage ausgesorgt. Viele sind deshalb höchst zufrieden, wenn der Alte aus dem Hause ist. Die Sicherung des Einkommens ist gewährleistet, man kann den vielen kleinen Hobbys jetzt noch mehr Zeit widmen und ist nicht ständig dem Sexualbedürfnis des Ehemannes ausgesetzt.

Das alles sind Realitäten, die Millionen geschiedener Frauen zunächst einmal als Unterstellung empört von sich weisen werden. Dabei ist ein solches Verhalten völlig verständlich. Jeder verlassene Mensch spielt die Rolle des vom Leben Betrogenen bis an sein Ende weiter. Wer aber den betroffenen Frauen aufmerksam zuhört, wird feststellen, daß diese Form der finanzierten Freiheit viel mehr Anhängerinnen hat, als man auf den ersten Blick je glauben würde. Oft genug wird der »Freifahrtschein zum Dauereinkommen« von der weiblichen Seite gelöst! Er ist überraschend, daß heute erheblich mehr Frauen als Männer den Gang zum Scheidungsrichter antreten. Da hat sich eine routinierte Perfektion herausgebildet, von der Männer nur lernen können: Man heiratet, versorgt sich mit zwei Kindern, die von einem gewissen Alter an mehr Spaß als Arbeit machen. Dann reicht man die Scheidung ein und ist fortan versorgt bis an sein Lebensende. Den einzigen Fehler, noch mal zu heiraten, machen ausgebuffte Finanzstrateginnen höchst selten. Das könnte den Geldfluß zum Versiegen bringen. Notwendige Kontakte zu Männern bleiben allerdings erforderlich. In der Wohnung ist schon mal ein Bild aufzuhängen. Im Garten bedarf es eines starken Arms. Und ab und zu bestätigt ein Sexkontakt der geschiedenen Dame, daß ihr Lustzentrum trotz Älterwerdens immer noch gut funktioniert.

Eine Scheidung ist also per Saldo immer ein gutes Geschäft für ehemüde Frauen. Von gutaussehenden Damen weiß man, daß sie sich im Laufe ihres Lebens durch planvolle Hochzeiten vermögensmäßig Stück für Stück nach oben katapultiert haben. Dreimal gut verheiratet bringt mehr in die Kasse als lebenslanges Arbeiten, heißt die geheime Devise abgezockter Weiber. Interessant ist auch, wie sich Frauen verhalten, wenn sie erst einmal ein Vermögen auf die Seite gebracht haben. Sie stehen ja dadurch auch im Blickfeld des männlichen Interesses. Der Gedanke, reich zu heiraten, ist auch für den praktisch veranlagten Mann durchaus angenehm. Bemerkenswert ist jedoch, daß das Vermögen, das die Herzdame beim ersten Mann ergattert hat, bei einer Zweitehe einem Gütertrennungsvertrag unterliegt, der es in sich hat.

Ganz so kampflos, wie es scheint, übergeben die Herren der Schöpfung ihren Damen trotz alledem das Geldsäckel nicht, wie man nach dieser deprimierenden Darstellung der weiblichen Verhaltensweise glauben könnte. Es gehört zum männlichen Prinzip, der Gefahr nicht aus dem Wege zu gehen, sondern ihr die Stirn zu bieten. Denn »Der Kampf ist die Vorbedingung des Sieges«. Und der, der sich einmal entschlossen hat, seine Freiheit wieder zurückzugewinnen, der entwickelt den Kampfgeist und Siegeswillen eines Revoluzzers, um sich von der Fronarbeit zu befreien.

Je aktueller das Problem »Scheidung« im Laufe der Jahre wurde, desto sensibler wurden die Männer in bezug auf dieses Thema. Wie bei einer Seilschaft hilft »man« sich gegenseitig, wenn es darum geht, dem betroffenen Geschlechtsgenossen nützlich zu sein. Wie man das macht, wird hier verschwiegen, denn das wäre Geheimnisverrat einer wichtigen Bastion männlichen Überlebens.

16
Die Mär von Penisneid und Orgasmusfreude

Irgendwelche Psychologen wollen dem Mann einreden, daß er mit dem Ding da unten im wahrsten Sinne des Wortes etwas Besonderes in den Händen halten würde. Wenn es nach dieser These ginge, würde sich das ganze »Spielchen« seitenverkehrt darstellen: Um uns herum würden Frauen nichts anderes machen, als gebannt auf unseren Hosenschlitz zu starren. Der Gedanke, von dem Ding aufgespießt zu werden, würde den Gespielinnen ständig lustvolle Schauer über den Rücken jagen, die den Männern vorbehaltene Blutleere im Kopf bewirken und das Feuchtbiotop zum Kochen bringen.

Der Penisneid würde die Girls zwingen, sich ständig mit einem solchen Ding zu beschäftigen. Denn Dinge, die der Mensch nicht hat, möchte er bekanntlich gerne besitzen.

Daraus schlußfolgere ich, daß die Existenz eines solchen Neides durchaus in der Lage sein müßte, das weibliche Sexualbedürfnis zu stimulieren. Das wäre das Optimum. Denn dann wären Frauen genauso schnell von den Reizen der Gegenseite stimuliert wie die Kerle. Plötzlich diente die Kopulation nur noch dem gemeinsamen Zweck, sich gegenseitig viel Freude zu machen. Ein toller Gedanke, der wie manche andere gute Idee graue Theorie ist, »denn die Verhältnisse, die sind nicht so...«. Der Drang zum Penis ist bei Frauen nicht besonders stark. Die Sexualvitalität unserer Weiblichkeit bewegt sich – von Ausnahmen einmal abgesehen – auf eher bescheidenem Niveau. Orgasmusfähigkeit ist zwar vorhanden, aber keineswegs so ausgeprägt, wie es zu wünschen wäre. In Dutzenden von Ratgebern ist nachzulesen, wo die kleine Stelle sitzt, die durch liebevolle Zuwendung der Frau zu höchster Lust verhelfen könnte. Doch von der Möglichkeit machen nur die wenigsten Gebrauch. Den meisten reicht es, die Kopulation wie ein Schicksal über sich ergehen zu lassen. Unsere Frauen besitzen eine beachtliche Begabung, in sexuellen Dingen einfach abzuschalten. Sie können sich hinlegen, dabei Musik hören und mit ihren Gedanken vielleicht schon beim morgendlichen Einkauf sein. Wenn es ihr zulange dauert, erinnert sie sich daran, daß man schneller kommt, wenn man ihm das Gefühl vermittelt »es täte einem gut«. Was sind Männer doch friedliche Lämmer: Kaum hören sie ein kleines Stöhnerchen, beenden sie den Akt mit einem vorzeitigen Erguß: »Hat es Dir wehgetan, Liebling?« liegt ihnen dann als Frage auf der Zunge.

Solche Fragen werden aber selten gestellt, denn das könnte glatt als Ironie ausgelegt werden und wird mit zukünftigem »Liebes«-Entzug geahndet. Männer wissen genau, daß es nicht ihre Deck-Dynamik ist, die das lustvolle Aufstöhnen bewirkt, sondern der Wunsch nach einem schnellen Finale. Ganz so bescheuert, wie manche Ehefrau meint, ist der Mann nun wirklich nicht. Er kann recht genau zwischen einem vorgetäuschten und einem echten Orgasmus unterscheiden.

Gelernt hat er das, weil er vor der Ehe mehr als nur ein Mädchen im Bett gehabt hat; spätestens aber im Bordell. Denn ein rational denkender Mann wird sich an fünf Fingern abzählen können, daß eine Bordell-Dame nicht von einem Orgasmus in den anderen fällt. Er weiß aber auch, daß sie weiß, daß die Stöhnerei ihm gefällt, ihn sexuell stimuliert. Also läßt er der Phantasie gern ihren Lauf. Das müßten Frauen eigentlich verstehen, denn sie propagieren den Genuß sexueller Phantasien! Frauen können ohne Orgasmus leben. Aus diesem Mangel aber die fixe Idee zu entwickeln, daß dies an uns läge, darf auf Dauer nicht unwidersprochen bleiben.

Etwas mehr Disziplin und eine Anpassung an die schnellebige Zeit täten gut. Muß denn dem Manne auch noch im Bett bewiesen werden, daß Frauen von Natur aus langsam sind? Muß sich das ein Ehemann gefallen lassen, der schließlich sein Leben opfert, um die gekaufte Braut zu speisen und zu tränken? Eine Nacht ist viel zu kurz, als daß man die Zeit dafür aufopfern könnte, statt des wohlverdienten Schlafes an Mutti herumdoktern zu müssen, nur weil diese partout nicht in der Lage ist, schnell genug zur Sache zu kommen.

Hier wird in Zukunft viel Aufklärungsarbeit notwendig sein, um den wirren Gedanken Einhalt zu gebieten, die auf diesem Gebiet überhand genommen haben.

Fassen wir also zunächst einmal zusammen: Es wäre an der Zeit, das Thema der sexuellen Erfüllung umzudrehen: Nicht wir Männer müssen lernen, langsamer zu werden. Die Frauen sollen endlich lernen, schneller zu werden! Die stundenlangen Vorspiele, um eine Frau »glücklich« zu machen, sind zu nichts weiter nutze, als das Machtmonopol der Frau in Fragen der Sexualität zu sichern! Man läßt den Mann tanzen wie ein Äffchen, verzögert den spontanen Deckakt und bestimmt damit das sexuelle Ritual. Der vor dem Samenkoller stehende Mann muß gute Miene zum bösen Spiel machen, um nicht hinterher den »Schwarzen Peter«, zu bekommen und als Sexual-Dilettant angemacht zu werden.

Es ist schon bemerkenswert, wie es gelungen ist, eine Schwäche zur Tugend zu machen: Die mangelnde Stimmungsfähigkeit der Frau wird dem Manne als Fehlverhalten angekreidet! Man stelle sich vor, die Situation wäre anders: Die Frau käme spontan, und der Mann hätte Orgasmusprobleme. Ich wage zu bezweifeln, daß sie die Geduld aufbrächte, sich stundenlang um den Gatten zu sorgen.

Ein echter Mann läßt sich auch nicht verrückt machen von der Marotte der Frauenfürsprecherinnen, ihm die Schuld in die Schuhe zu schieben, wenn die Damen Orgasmusprobleme haben. Jeder ist sich bekanntlich selbst der Nächste. Die Frauen sind egoisitisch beim Durchsetzen von Bequemlichkeit, finanzieller Unabhängigkeit und anderer Faktoren. Es gibt keinerlei Veranlassung, sich durch seitenlange Berichte über männliche Erektionsschwächen und andere Ungereimtheiten beirren zu lassen: »Wer die Musik bezahlt, der darf auch bestimmen, was gespielt wird«, heißt es landläufig und gilt auch in der Beziehung zwischen den Geschlechtern.

Nun steht bei alledem immer noch die Mär vom Penisneid zur Diskussion. Sind die Frauen wirklich neidisch auf diese Dinger in den Größenordnungen zwischen Zigarre und Baseballschläger? Ja und nein. Die vom Manne gehegten und liebevoll mit Kosenamen versehenen Kerlchen erregen Aufmerksamkeit, weil an ihrem Zustand das Interesse an der sexuellen Vereinigung abzulesen ist. Von der Steifheit des Objektes hängt die Intensität ab, mit der sein Besitzer die Dame beglücken kann. Damit gelten Pimmel als wichtige Indikatoren für die Entscheidung, ob sein Besitzer der richtige Mann für eine lebenslange Verbindung ist. Das Ding an sich als Indiz für den totalitären Machtanspruch zu bezeichnen ist eine bare Erfindung irgendwelcher Psychologen. Er hat, was sie nicht hat! Nicht eine intelligente Frau glaubt an solchen Schwachsinn!

Für die Frau ist ihr Körper das ein und alles, das sie stundenlang im Spiegel betrachten kann. Um nichts in der Welt würde sie sich so ein Ding wünschen, das letztlich auch unbequem zu tragen ist, wenn man nicht auf eine stramme Korsage verzichten will. Als Verfechterin des bequemen Lebens gefällt ihr am männlichen Glied höchstens, daß der Pflegeaufwand geringer ist, als bei ihrer eigenen Lusthöhle. Damit hört die Akzeptanz auch schon auf, die man als Frau diesem Ding abgewinnen kann. Bei ihrer Art zu denken wird die Frau aber auch nichts unternehmen, um die Mär vom Penisneid abzubauen. Sie paßt vielmehr gut in ihr Konzept. Ein Mann, der glaubt, daß sie auf etwas scharf ist, was eben nur er besitzt, kann erheblich leichter an die Kette gelegt werden. Denn mit Besitz zu prahlen liegt im Wesen der Menschen. Aus diesem Zwang heraus wird er seinen Jungen immer wieder präsentieren wollen. Und mit jeder Präsentationsprahlerei kommt sie dem Ziel der totalen Einflußnahme näher.

Nie widersprochen, hält sich die Mär vom Penisneid seit Generationen. Sie wird nur noch übertroffen von der Geschichte, daß Spinat gut für Kinder ist, weil vor Jahrzehnten mal in irgendeinem Kochbuch der falsche Hinweis stand, daß Spinat viel Eisen enthalten würde...

In bezug auf die Schwänze der Männer ist allerdings auch eine gewisse Neugierde feststellbar. Ganz frigide sind die Frauen trotz ihrer geringen Orgasmusfähigkeit nicht. Wie jeder Mensch in unserer Konsumgesellschaft nach Abwechslung strebt, so bieten die Varibilitäten des Genitalbereiches den Frauen den Kitzel unterschiedlicher Konsumerlebnisse. Da die meisten Zipfel sich im Standardformat zwischen 12 und 18 Zentimeter bewegen, liegt es nur nahe, daß Frauen nicht immer das gleiche Kaliber ausprobieren möchten. Einfach nur, um festzustellen, welche verschiedenen Gefühle sich dabei entwickeln. Ein umgekehrtes Prinzip: So wie der Mann bis zur »Schaftlänge« nach Befriedigung sucht, möchte die Frau auch einmal bis in die letzte Ecke ihres Organs einen Körperkontakt erleben. Die meisten Pimmel reichen dafür kaum aus. Dagegen sind Kerle mit superlangen Schwänzen den Erfordernissen der Weiber »um Längen« voraus. Das wissen auch die Besitzer eines solchen Dings. Sie werden unter Frauen als Geheimtip gehandelt und von Bett zu Bett weitergereicht. Mir sind gestandene Ehemänner bekannt, deren Dimensionen für viel Aufregung in ihrer Kleinstadt sorgen.

Weil die Besitzer solcher Turngeräte um den Wert ihres guten Stückes wissen, lassen sie es sich nicht nehmen, dies bei jeder passenden Gelegenheit zu offerieren und erfahren eine erfreuliche Erlebnisvielfalt, in jungen wie auch in alten Jahren. Das einmalige Erlebnis reicht einer Frau jedoch meistens aus. Es geht ihr nur darum, ihre inneren Grenzen kennenzulernen. Natürlich geht das auch mit einem Massagestab »Made in Hongkong«, der einem Gasanzünder in Bananenform ähnelt. Tausendfach werden sie in Eros-Boutiquen gekauft und der Mama unter den Weihnachtsbaum gelegt. Sie sollen mangelnde Koitierfähigkeit kompensieren helfen. Von den Frauengruppen werden sie als das Zaubermittel gepriesen, das die Befreiung vom Manne möglich macht. Diese kleinen elektrisch betriebenen Maschinchen sollen tatsächlich einen wahren Mann ersetzen! Es ist schon traurig, auf welchen Irrwegen sich erwachsene Frauen bewegen. Männer mit einer Maschine zu vergleichen, stimmt zwar in bezug auf den Fleiß, den sie im Beruf und in der Politik entfalten. Aber den männlichen Bums-Rhythmus durch eine mechanische Maschine ersetzen zu können ist einfach unvorstellbar.

Hier zeigt sich erneut, auf welche abwegigen Ideen die Feministinnen normale Ehefrauen bringen. Blaustrümpfe, deren Schicksal es ist, ohne Mann durchs Leben zu gehen, und die deshalb mit dem Dildo eine Ersatzstimulation suchen, möchten ihren Geschlechtsgenossinnen allen Ernstes einreden, daß der Dildo als Freudenspender mit einem echten Penis zu vergleichen ist! Mir ist kein Fall bekannt, daß ein Mann den Glauben an sich selbst verloren hätte, nur weil dieser Maschinenpark in hunderttausend Nachtschränkchen herumgammelt.

Einen weiteren Nachteil hat die Maschine: Sie verdient kein Geld. Und nur darum geht es in letzter Konsequenz. Auf den Sexualapparat könnte jede Frau getrost verzichten, wenn ihr nur die wertschaffende Arbeitskraft des Mannes erhalten bliebe.

Der Penis ist also nur deshalb Mittelpunkt weiblichen Denkens, weil seine Eroberung schon aus biologischen Gründen mit der Eroberung des ganzen Mannes gekoppelt ist. Intellektuellere Interpretationen – das lehrt die Praxis – sind Wunschdenken frustrierter Psychologen und können als irrelevant für den Sexualalltag abgelegt werden.

17

Die Lustzentren von Mann und Biedermann

Die Dominanz des Mannes hat in den letzten Jahrzehnten stark gelitten. Die Frauen haben dagegen erheblich an Einfluß gewonnen und den Manne um einige Privilegien ärmer gemacht. Nur noch alte Zille-Zeichnungen lassen einen ahnen, daß die Macht der Männer vor Jahrzehnten größer war, als sie heute ist. Und unbeirrbar haben die Frauen darum gekämpft, sich das Leben in einem hohen Maße bequemer zu gestalten. »Klappern gehört zum Handwerk«, das weiß jeder Kaufmann. Jahre und Jahrzehnte haben die Frauen über die Bürde des Alltags gejammert. Das viele Waschen, die vielen Kinder, das tägliche Kochen. Alles, aber auch alles ist für die Frauen mit ermüdender Arbeit verbunden. Nur selten findet sich eine, die ganz einfach akzeptiert, daß das Leben aus ständiger Arbeit besteht.

Große technische Entwicklungen wurden betrieben, um den Frauen die Arbeit so einfach wie möglich zu machen. Convenience heißt das Zauberwort aus USA: Abwasch kommt in den Geschirrautomaten, Wäsche in den Schleuderwaschgang. Trockner, Bügelautomaten, Staubsauger haben den Arbeitsanfall im Mehrpersonen-Haushalt auf ein Minimum reduziert. Je weniger die Frauen aber zu arbeiten hatten, desto lauter schrien sie und verlangten nach noch mehr Arbeitserleichterung. Erklärtes Endziel jeder anständigen Frau ist die Arbeitsleistung auf Null herunterzuschrauben.

Im Gegensatz dazu stand die Entwicklung des Mannes. Er mußte immer mehr arbeiten, um die vielen Maschinen anzuschaffen. Die Frau hatte immer mehr Zeit, über seine Ausbeutung nachzudenken. Diesen Trick kennt jeder Karrierist im Büro; wem es gelingt, seinen Schreibtisch von Arbeit freizuhalten und diese geschickt auf den Schreibtisch des konkurrierenden Kollegen verfrachtet, der hat mehr Zeit, über dessen Niedergang nachzudenken. Der aber, dessen Schreibtisch vor Arbeit förmlich birst, macht immer mehr Fehler, weil zuviel Arbeit Fehler bewirkt und viel zuviel Arbeit viele Fehler bewirkt. Das Spiel betreibt man solange, bis der andere genervt aufgibt und der Karrierist den Platz übernimmt.

Im Gefolge dieser Schlauheit sind immer mehr Männer tatsächlich in erheblichem Maße von ihren Frauen abhängig geworden. Ratenzahlungen, Hypothekenschulden, Clubbeiträge beuteln den, der ständig für den Ausgleich zu sorgen hat. Die Profi-Ehefrau hat schnell begriffen, daß der Konsum zwei wichtige Ausbeutungskriterien aufweist: Der Mann hat keine Gelegenheit, sich für andere Frauen zu interessieren, weil die Arbeit seine Libido strapaziert. Und gleichzeitig führt der wachsende Wohlstand zur Verbesserung der Lebensqualität. So sind in Millionen Familien die Signale auf Hochkonjunktur gestellt. Die immer größere Freiheit nutzen Hunderte von Frauen, um Bücher zu schreiben, in denen die Beziehungen zu Männern madig gemacht werden. Auf diese Weise wächst das Emanzipationspotential von Jahr zu Jahr. Eine intrigante und ernsthaft böswillige Zersetzung, die zum Teil groteske Formen entwickelt hat. Wer in einer Volkshochschule miterlebt hat, mit welcher Arroganz junge Frauen die sogenannte Gleichberechtigung ausnutzen, um ihre Faulheit zu pflegen, wird das bestätigen. Immer weniger Arbeit läßt immer mehr Frauen den Grad ihrer Bequemlichkeit intensivieren und ein parasitäres Leben auf dem Rücken der Männerwelt austragen.

In der Tat sind Hunderttausende Männer untergegangen und vegetieren unter widrigsten Umständen als reine mißbrauchte Arbeitstiere.

Das einzig Gute ist, daß der Mann leidensfähig ist und den Grad seiner Abhängigkeit und seines geistigen Verfalls nicht spürt. Wer kennt sie nicht, die braven Papas, die morgens mit Bütterchen »auf Arbeit« geschickt werden und abends mit einer Flasche Bier vor den Fernseher gerollt werden. Jeden Tag das gleiche Spiel. Diese braven Ehemänner haben nichts mehr mit den »Hammerwerfern« gemein, die sie in jungen Jahren waren, wenn sie voller Leidenschaft ihr Fortpflanzungsorgan Abend für Abend virtuos handhabten.

Oft müssen Männer leidgeplagt erleben, daß die kleinen und zarten Bienchen ihrer Jugendzeit zu stattlichen Drohnen herangewachsen sind. Die Kuchenschlachten mit der Nachbarin haben das Volumen ihrer Körper ins Grandiose gedehnt und den zarten Knochenbau mit einem stattlichen Fettgewebe überzogen. Um die Fliehkräfte dieser Massen in den Griff zu bekommen, haben Damen ein Arsenal an gummi- und drahtverstärkten schußsicheren Westen angeschafft, die unter den Blusen getragen werden. Damit entfalten sie eine optische Wirkung, die auf Männer beklemmend wirkt. Besonders in ländlichen Gemeinden sind viele dieser massigen, gefährlich gepanzerten Ungetüme auszumachen und zeigen sich auf den Schützenfesten als gewaltige Wellenbrecher im Strom der Tanzenden. Die Männer hingegen, die die Finanzen zum Aufbau dieser Leibespracht erschuftet haben, sind mager geblieben. Die Folge kann sich jeder logisch denkende Mensch an drei Fingern ablesen: Die weibliche Dominanz wird durch die ungeheure Leibesfülle nun auch nach außen dokumentiert. Solche Brocken flößen schon auf den ersten Blick Angst ein. In der Gruppe der Vierzig- bis Sechzigjährigen bilden sie allerdings die Mehrheit. Ganz eindeutig verändern solche Monster auch die Psyche ihrer Ehepartner.

Wer je einen dieser Fleischberge im Urzustand auf der Matratze erlebt hat, weiß um die Qualen, die ihr Ernährer zu leiden hat, wenn sie ihn zweimal in der Woche zur Leidenschaft anfeuert. Es gibt Millionen davon in unseren Land, die sich über viele Jahre die Zuckerstückchen auf die Hüften geklebt haben und als lebendiger Beweis für den Anschaffungsfleiß ihrer Männer auftreten.

Der psychische und physische Druck, den die Herrinnen ausüben, ist enorm. Da in solchen Familien das Eheleben nach dem
Prinzip von Zuckerbrot und Peitsche funktioniert, wissen die Herrinnen, wie wichtig es ist, den Ehemann ab und zu in sexueller
Hinsicht zu motivieren. Leider stellt sich bald heraus, daß dessen
sexuelles Verlangen auf die heimischen Fleischtöpfe mehr und
mehr nachläßt. Für solche Probleme hat die Touristik-Branche
Regionen im Angebot, wo man die sexuelle Phantasie auffrischen
kann. Je nach Grad des Puritanismus hat man die Wahl zwischen
angezogen, halbnackt und ganz nackt. Das Ganze nennt sich Som-
merurlaub und ist ein europaweites Volksvergnügen. Millionen
Menschen treffen sich an vorgegebenen Plätzen, um Exhibitionismus oder Voyeurismus zu genießen. Wichtigste Voraussetzung ist
eine möglichst sandige Freifläche mit Wasserzugang und Sonnen-
garantie. Diese drei Funktionen sind unabdingbar, um die Entblö-
ßung des Körpers zu legitimieren. Je nach dem Grad der Potenz
entscheidet Mama, welche Reise für den abgeschlafften Ehemann
die richtige ist. Wohlabgestuft darf er zunächst an den Gardasee,
wo es relativ züchtig zugeht. Bei zunehmender Erschlaffung steigert sie die erotische Qualität der Standortwahl. So hat sich der
Adriastrand bewährt, an dem reichlich Oben-ohne-Ausblicke ge-
währt werden. Die Ausblicke auf Großglockengebirge und Venus-
hügel bleiben nicht ohne Wirkung auf Papa. Er weiß nicht, wo er
zuerst hinsehen soll. Argwöhnisch und gleichzeitig zufrieden beobachtet ihn sein angetrautes Schwergewicht und erlebt Jahr für
Jahr, daß die alternden Instrumente immer noch funktionieren.
Geschickt, wie sie ist, überläßt sie angesichts ihrer eigenen optischen Macken die Stimulierung den jüngeren Geschlechtsgenossinnen, immer nach dem Motto: »Appetit darf er sich holen, aber
gegessen wird zu Hause...«
    Die bedauernswerten männlichen Wesen, die nach jahrzehnte-
langer Gehirnwäsche durch ihre dominanten Frauen keine eigene
Meinung mehr entwickeln, reagieren auch prompt so, wie Mama
es bei der Reisebuchung geplant hat. Ganze Orgien spielen sich in
ihren Köpfen ab. Das Ding da unten wird im Geiste zum Schnell-

feuergewehr umfunktioniert. Die Hormonproduktion, die dem Versiegen nahe war, wird angeblasen wie ein Kaminfeuer und läßt die alte Leidenschaft wieder aufflackern. Nichts wird den so stimulierten Ehemann davon abhalten können, sich auf die Suche zu machen, um in der überquellenden Leibesfülle seiner Gattin wieder den Eingang zur Glückseligkeit zu finden.

Interessant ist, daß dieser Trick jedes Jahr aufs neue funktioniert. Für die Touristik-Branche ist Voyeurismus und Exhibitionismus ein attraktives Verkaufsargument. Je voller ein Strand ist, desto größer ist der Bedarf an neuen Hotels. Je intensiver die Fleischbeschau, desto höher die Frequenz.

Nur Außenseiter kommen auf die Idee, nach einem menschenleeren Strand zu suchen um Strand und Wasser, Sonne und Wind zu genießen. Unentbehrliches Requisit der Luststrände ist die freizügige Zwanzigjährige. Denn ohne gut gebaute Mädchen funktioniert das Sexualkonzept der Domina nicht. Vibrationen entstehen immer erst dann, wenn dem Biedermann Qualitäten geboten werden, die er längst verloren glaubte. Dafür müssen junge Bräute herhalten, deren attraktive Optik Resonanz in der Leistengegend bewirkt. Sie bilden in diesen Leistungszentren der Erotik keine Gefahr für die angedickte Matrone. Denn wo er geht und steht, ist sie dabei und sorgt für soviel Abstand, daß er sich nichts weiter holen kann als einen riesengroßen Appetit.

Auf diesem Parkett kommen auch die jungen Damen gut zur Geltung. Sie entfalten Signalwirkung und setzen alle ihre Accessoires perfekt in Szene. Wie bei einer Viehschau sondieren sie die Herde der anwesenden Böcke, um die Wahl für den Abend zu treffen. Schlau wie Frauen einmal sind, wissen sie genau, um wieviel einfacher es ist, hier einen Mann zu angeln. Figurprobleme werden kompensiert durch optische Ablenkungsmanöver: So wird der Mini-Busen unverpackt am besten präsentiert. Das schwere Glockengeläut hingegen wirkt im Halter besser als im freien Fall. Der kleine Po wirkt im Tanga überdimensionaler, während das schwere Gerät mittels größerer Stoffmenge in seiner Proportion dezent kaschiert wird.

An keinem anderen Ort als am Badeort wird es so deutlich, daß Millionen Frauen nichts anderes wollen, als durch Vermarktung ihres Körpers den Kontakt zu einem Finanzier der Zukunft zu erreichen.

Für den Macho ist die Strandidylle natürlich das, was man im Volksmund ein »Bumsparadies« nennt. Eine gewaltige Ansammlung an allen Formen und Farben weiblicher Erotik. Und Sex ohne langes Gefackel und Abend für Abend. Denn den Jungs kommt im Urlaub der Zeitfaktor zugute. 13 Urlaubsnächte sind schnell vorüber, die zur Verfügung stehen. Die Friseuse aus Wanne-Eickel, die Tippse aus München, die Arzthelferin von der Waterkant wissen das, und so brodelt der Kampf um Mannes Gunst, auf daß aus den Steckverbindungen dauerhafte Kupplungen werden...

18
Die lebenslangen Leiden des zarten Geschlechts

»Ja, die Frauen haben's schwer«, soll Kurt Tucholsky gesagt haben: »aber wir Männer müssen uns schließlich jeden Tag rasieren...«
Die wahre Frau ist nach der Pubertät von einer Unzahl von Krankheiten geplagt, sobald sie sich im Dunstkreis eines Mannes befindet. Dabei ist die eingangs erwähnte Krebsanfälligkeit nur eins von vielen Übeln, das durch die Nähe zum Mann verursacht wird.

Wer die Phänomene des Krankheitsverlaufs an mehreren Leidenden gesehen hat, wird erkennen, daß die Symptome bei allen Frauen gleich sind. Therapeutisch lassen sich daraus Rückschlüsse ziehen, wie das Dilemma im einzelnen zu behandeln ist.

Zunächst einmal lassen sich die Krankheiten – medizinisch laienhaft gesprochen – unter die große Gruppe der »unsichtbaren Erkrankungen« einordnen. Während die Männerkrankheiten mit Blutverlust, partieller Bewegungsunfähigkeit oder mit dem Aussetzen der Herztätigkeit verbunden sind, sind die Erkrankungen der Frauen zunächst einmal nicht direkt wahrnehmbar. Von außen sieht die Leidende eigentlich ganz gesund aus, sagt sich selbst der besorgteste männliche Anteilnehmende, der mit einer solchen konfrontiert wird.

Zwei wichtige Indikatoren stehen in Korrelation zueinander und sind ein wichtiges Indiz für das spontane Anschwellen der Krankheit. Grundlage ist immer eine Situation, die der Frau nicht zusagt. Das kann eine Einladung zu einer Party sein, bei der Rivalinnen zu befürchten sind. Das kann aber auch schon durch die Tatsache eintreten, daß der Kauf einer neuen Waschmaschine aus finanziellen Gründen nicht möglich ist. Aber auch unerwünschte Arbeiten können Rezeptivität fördern. Widrige Situationen aller Art mit der ihnen innewohnenden Dramatik sind die gefährlichen Auslöser weiblicher Erkrankung. Die Krankheit fängt meistens im Gesicht an. Deshalb sollte der Therapeut besonders darauf achten, wie sich die Gesichtsmuskulatur verändert. Häufig tritt eine Verhärtung der Gesichtszüge auf. Der dabei entstehende Druck führt zu einer vermehrten Wasserbildung auf der Netzhaut. Die Leiden, die nun entstehen, können tagelang anhalten. Sie äußern sich als Migräne, als psychosomatischer Schmerz oder als gefährliche Kreislaufstörung mit Herzschmerz.

Je nach Auslöser dauert die Erkrankung bis zu mehreren Tagen, um dann meist von einer neuen abgelöst zu werden. Die damit verbundenen Beschwerden können nur liegend, stumm und heulend ertragen werden.

Die Schmerzen müssen allerdings hochgradig schlimmer sein als alles, was Männer je über sich ergehen lassen müssen. Denn seit der Geburt wissen Männer, daß Frauen besser als Männer Schmerzen ertragen können. Man hat den Männern in den schaurigsten Farben immer wieder geschildert, daß der Geburtsschmerz das Schlimmste ist, was man sich überhaupt vorstellen kann. Dagegen ist das Aufkratzen eines verunglückten Autofahrers und das puzzlemäßige Zusammenfügen der Gliedmaßen geradezu ein Kinderspiel.

Der erwachsene Mann muß glauben, daß die vom Schicksal so stark getroffene Herzdame wirklich extremen Schmerzen ausgesetzt ist. Denn wenn die Grenze der Schmerzverträglichkeit durch die Geburtsleiden schon so hoch gesteckt ist, da muß ja in ihrem Luxusleib eine wahre Explosion an Schmerzeswellen stattfinden.

Da Männer liebenswürdige Menschen sind, wie jeder bestätigen kann, der den Mann nicht als Lebensversicherung, sondern als

Freund betrachtet, werden sie sich zunächst bemühen, die nahe vor dem Exitus stehende teure Gefährtin zu retten, liebevolle Worte zu sagen, für Kamillentee und gute Belüftung sorgen. Erreicht wird das Gegenteil: Jede Zuwendung vergrößert die Leiden. Auch Ärzte sind machtlos, wenn sie diese geheimnisvollen Erkrankungen therapieren sollen.

Bewährt haben sich zwei Formen der Therapie: Es gibt »Apotheken«, in denen man metallene Fetische kaufen kann. Goldfarben, mit funkelnden Steinen besetzt. Diese entfalten recht schnell eine segensreiche Wirkung, wenn sie auf den letzten freien Finger der Dahinsiechenden gesteckt werden. Sie sind nicht besonders billig, führen aber in der Regel zu einer schnellen Belebung des abgeschlafften Kreislaufs.

Nach einer gewissen Zeit stellt der Mann jedoch fest, daß die Therapie zwar wirkt, aber keineswegs eine dauerhafte Heilung erzielt. Es kann sogar passieren, daß diese Form der Therapie die Krankheitsintervalle beschleunigt.

Aus diesem Grund empfiehlt es sich, in der homöopathischen Kiste nach guten Ideen zu graben. Homöopathie basiert darauf, daß der Körper bei ständiger Reizung Abwehrstoffe gegen alle Arten von Krankheiten entwickelt. Diese Strategie ist bei den typischen Frauenkrankheiten bestens geeignet: Die Anzahl der auslösenden Indikatoren muß so lange intensiviert werden, bis eine gewisse Abhärtung des weiblichen Körpers erfolgt.

Der kluge Mann wird sich also nicht beirren lassen vom weiblichen Schmerzgestöhne. Er sorgt vielmehr dafür, daß der Schmerz sich bis ins Unerträgliche steigert. Wenn sie wegen einer anstehenden Party ihre Migräne bekommt, dann muß er allein hingehen und die ganze Nacht über wegbleiben.

Und wenn die nichterworbene Waschmaschine der Auslöser ist, dann muß er sich eine riesige Bohrmaschine kaufen. Wenn die Sekretärin im Büro die Kreislaufschwäche verursacht, dann muß unbedingt noch ein kleines Lehrmädchen mit einem Busen, auf dem man Läuse knacken kann, angestellt werden.

Der Einsatz solcher Therapieformen löst sicherlich zunächst

einen Krankheitsschub aus, der den teuren Leib auf eine Zerreiß-
probe stellt und auch den Therapeuten erhebliche Kraftanstren-
gung kostet. Der seelische wie körperliche Gesundungsprozeß, der
nachhaltig eintritt und bei dauerhafter Anwendung der Therapie
auch langfristige Erfolge zeigt, bestätigt jedoch die Richtigkeit
dieses Vorgehens.

Um es auf den Punkt zu bringen: Die vermeintliche Krankheit ist
eine Waffe, um aus Männern mittels Emotion noch mehr heraus-
zupressen, als diese schon freiwillig geben. Besonders zur Erlan-
gung von Luxusgegenständen wird die Krankheit gerne eingesetzt. Junge wie alte Frauen beherrschen instinktiv das Instrument
»Leiden«, können tagelang mit Leichenbittermiene herumlaufen,
das »Pflänzchen-Rühr-mich-nicht-an« spielen. Jungs, die noch
nicht ganz sattelfest sind im Umgang mit dem weiblichen Geschlecht, fallen auf die Strategie schnell herein und sorgen sich wie
wild um das sterbenskranke Pflänzlein.

Frauen sind da wie Kinder: Sie erkennen schnell, daß die schein-
bare Erkrankung den Fleiß des Mannes und seine Gebefreudigkeit
stimuliert. Also wird die Migräne als Erpressungsinstrument eingesetzt, mit dem man die Zahl der freien Tage und das persönliche
Vermögen steigern kann.

Als glückliche Fügung des Schicksals kommt ihnen zugute, daß
sie rund alle vier Wochen menstruieren. Da fließt wirklich Blut!
Und da der Mann Blut immer mit Krankheit verbindet, ist ihr mit
stiller Regelmäßigkeit die Chance gegeben, ihm zu beweisen, wie
»krank« sie ist. Diese immer wiederkehrende Blutung wird auch
als augenscheinlicher Beweis vorgeführt, daß der Körper der Frau
gewissen Schwankungen unterliegt. Also kann jeder Tag des Lebens mit den Wellenbewegungen des Biorhythmus erklärt werden,
so daß alle Formen der Störungen bestens legitimiert sind.

Daß Krankheit und Faulheit in einem engen Verhältnis stehen,
beweist der Büroalltag: Faule Mädel benutzen »die Tage« immer
zu einem Kurzurlaub, sie melden sich krank! Je pflichtbewußter
die Mitarbeiterin, um so seltener wirft sie die Menstruation aufs
Krankenlager. Als allzu durchsichtig erweist sich auch die Strategie

mancher Feministinnen, mit dem Kinderkriegen psychologischen Druck auszuüben. Hier soll dem Mann suggeriert werden, daß er der Gebärenden ein Leben lang zu Dank verpflichtet ist, a) weil sie ihn zur Welt gebracht und hochgepäppelt hat und b) weil sie seine Kinder unter Schmerzen gebärt. Nirgendwo wird gewürdigt, daß ordentliche Ehemänner viel und intensiv gearbeitet haben, um die Frau in die glückliche Lage zu versetzen, wohlbehütet zu Hause bleiben zu dürfen. Und die Arbeit mit dem Neugeborenen ist nun wahrhaftig nicht von Bedeutung: fünfmal die Brust, fünfmal die Windeln gewechselt. Die ersten sieben Monate wächst das Kind ohne viel Aufwand von allein auf.

Der Gebärvorgang ist kaum als Druckmittel geeignet, um den kundigen Mann aus seinem seelischen Gleichgewicht zu stoßen.

Und: Wir Männer machen ja auch kein Aufhebens davon, daß wir durchschnittlich sieben Jahre früher ins Gras beißen, nur weil wir eine parasitäre Familie am Halse haben, die ständig die Brieftasche plündert. So verhalten sich Männer weiblichen Krankheitssymptomen gegenüber immer nach gleichem Schema: Zunächst einmal die spontane Bereitschaft, der Leidenden zu helfen. Irgendwann angesichts weiterer Krankheitsschübe eine Phase der Nachdenklichkeit. Kurz nach diesem Bewußtwerdungsprozeß ein ausgeprägter Phlegma, wenn sich die Anfälle zeigen.

In der letzten Phase dann der Einsatz homöopathischer Praktiken, um die Leidensgefährtin zu kurieren.

Diese letztgenannte Form der Behandlung hat die besten Heilchancen und sollte Grünhörnern von den Altmeistern früh genug beigebracht werden.

19
Lustgenuß im Lotterbett

Die Existenz von mindestens zweihunderttausend Damen allein in der Bundesrepublik, die von dem Verkauf ihrer körperlichen Vorzüge leben, müßte zu denken geben. Es handelt sich hier um die Spitze eines Eisbergs. Die in Millionen gehenden Liebschaften haben auch mehr oder minder eine kommerzielle Komponente. Nun hört man oft von irgendwelchen Frauenrechtlerinnen den Vorwurf, daß Prostitution die totale Ausbeutung des weiblichen Geschlechts darstelle. Die bösen Männer sind es, die kraft ihrer Macht und ihres Geldes die armen zarten Pflänzchen erniedrigen. Solchen Kämpferinnen sei zunächst einmal empfohlen, sich einen bundesdeutschen »Puff« einmal von innen anzusehen. Wenn sie dann immer noch der Meinung sind, die Mädels dort seien vom Leiden gezeichnet, trete ich sofort ins Kloster ein.

Zunächst gilt einmal für die Bundesrepublik, daß wir ein hochentwickeltes Land mit einer unglaublich guten Einkommens- und Sozialstruktur sind. Allerorten herrscht Hochkonjunktur und die Zeitungen sind voll mit Personalanzeigen, in denen fleißige Männer wie Frauen gesucht werden. Auch die Entlohnung bewegt sich auf einem hohen Niveau, so daß kein Mädel freiwillig ihr Gärtchen verkaufen muß, um nicht zu verhungern. Wenn also zweihunderttausend Freudenmädchen zu der Überzeugung gelangt sind, daß der Verkauf sexueller Lustbarkeit eine sinnvolle und gute Einkommensquelle ist, dann handelt es sich hier nicht um die Zwangsentscheidung einer Minderheit gesellschaftlich Ausgestoßener, sondern um eine sehr pragmatische Entscheidung. Und in der Tat ist dieses Geschäft eines, das der Frau erheblich zusagt. Es kann im Liegen ausgeführt werden, erfordert keine größeren Investitionen, dauert in bezug auf die Spitzenbelastung nur einige Minuten am Tag und bringt ohne Umwege ein stattliches Einkommen.

Die Entscheidung für diesen Beruf setzt allerdings moralische Toleranz und eine gewisse Intelligenz voraus. Deshalb rekrutieren sich die Nutten auch in der Mehrheit aus intelligenten Frauen und Mädchen. Die Sparkassen-Angestellte, die Notarassistentin, die Anwaltsgehilfin. Aber auch in hohem Maße Ehefrauen, die einen nur bescheiden verdienenden Mann ihr eigen nennen, nutzen die Möglichkeit des Geschäftes mit dem Sex. Wer je ein Freudenhaus besucht hat, weiß, daß die Mär vom gestrauchelten Mädchen, das hier von brutalen Zuhältern zum käuflichen Sex gezwungen wird, höchstens für einen Krimi gut ist, nicht aber für das wirkliche Leben.

Eine Kriminalisierung der Hurerei gibt es zwar in einigen Großstädten und die Abhängigkeit von Drogen fördert ebenfalls die Kriminalisierung, doch ein Teil der in diesem Sozialwerk tätigen Mitbürgerinnen kommt aus normalen Berufen und geht an die Tätigkeit mit gesundem Erwerbssinn heran. Es gibt in jeder Branche schwarze Schafe. Korrupte Polizisten, schräge Notare, abgezockte Politiker sind Branchenvertreter, die keinen Rückschluß auf die Branche schlechthin zulassen. Die Lotterbett-Branche ist ähnlich strukturiert. 200 000 Frauen können sich nicht irren, wenn sie für eine gewisse Zeit ihres Lebens einen bequemen Weg des Geldverdienens einschlagen. Die moralischen Bedenken, die gegen diese Tätigkeit bestehen, sind lächerlich angesichts der Fremdgeherei höchst moralischer Ehefrauen.

Das Wesen der Frau ist von frühester Jugend an auf die Ausbeutung des Mannes programmiert. Er hat zu zahlen, und sie bietet ihm dafür Sex. So einfach ist das. Im Puff. Und im Einfamilienhaus.

Wegen des Frauenüberschusses wird jedoch die Zahl derer, die sich eine lebenslange Rente gesichert haben, immer kleiner sein als die Gesamtheit derer, die nach Versorgung streben.

Die also, denen es nicht gelungen ist, den bequemen Weg zu gehen, um mittels Ehe die lebenslange Absicherung zu erreichen, haben zumindest die Chance ihren Teil vom Kuchen durch gewerbliche Liebesdienstleistung zu erwirtschaften. Die Lustgewerbetreibenden sind schlau genug, zu erkennen, daß die beringten Kolleginnen nach einer gewissen Zeit Probleme haben, die Aktualität ihrer »Spielwiese« aufrechtzuerhalten. Folglich ergeben sich hier beste Chancen, den Mann mit anderen Freizeiteinrichtungen zu unterhalten.

Hinzu kommt, daß der Austausch »Leistungen gegen Geld« im Lotterbett erheblich preiswerter ist als im heimischen Bereich: Selbst wenn ein gutverdienender Mann heute den Tag mit einer Profi-Dame im Leistungsaustausch steht, kostet ihn das immer noch weniger als der Unterhalt der heimischen Sippe. Verblüffend, aber wahr.

Nun ist es verständlich, daß das Thema »Prostitution« möglichst diskriminierend behandelt wird. Denn die Existenz von 200 000 Geschlechtsgenossinnen, die als Gunstgewerblerinnen tätig sind, sind verehelichten Frauen ein Dorn im Auge! Denn ohne deren Existenz wäre der männliche Teil unserer Bevölkerung auf die Ehe fixiert. Wenn er nur da Befriedigung finden würde, wäre das Leben absolut sorglos geworden. Und eine Paarung solcher Sorglosigkeit und Bequemlichkeit entspräche den Idealvorstellungen liebender Gattinnen. Feindinnen sind überall dort auszumachen, wo die Kenntnis der männlichen Achillesferse professionell genutzt wird.

Im Grunde ist die Gegenwehr der rechtmäßigen Eheweiber müßig, denn in allen Epochen gab es Mätressen und Huren, die sich parasitär am Vermögen mitbereichert haben. Die Wortgewalt Balzacs hat den Dirnen ein bleibendes Denkmal gesetzt. Es ist nur dringend erforderlich, einmal klarzustellen, daß die Mehrzahl der anständigen Frauen im Grunde die gleiche Praxis wie die Nutten pflegen: Den Gunstbeweis gegen Bares.

Um zu beweisen, daß Ehefrauen den Gunstbeweis nicht aus so niedrigen Gründen gewähren wie die kommerzielle Liebesdienerin, wird das nebulöse Wort »Liebe« strapaziert. Im heimischen Bett soll das Auf- und Niederschwingen des männlichen Körpers von ganz anderen Glücksgefühlen begleitet sein als auf dem Lotterbett der Lustladies.

Jawohl, daheim schwingt »Liebe« mit und betört dem Mann die Sinne! Triebbefriedigung soll zu Hause mehr Spaß machen – und das sogar ein Leben lang. Wie kann es aber dann sein, so fragt man sich, daß sich trotz überschwappender Liebe Sex zu Hause auf ein Pflichtmaß beschränkt? Bis zu 50 Prozent aller Ehemenschen in industrialisierten Ländern bezeichnen sich als lustlos, wie in einschlägigen Studien nachzulesen ist. So ganz funktionsfähig kann der Wirkstoff »Liebe« wohl auf Dauer doch nicht sein. Im Wettstreit mit der vaginalen Alternative hat die Liebe kaum Chancen, sondern erweist sich sogar als höchst fragwürdiges Mittel, um einen Mann auf Dauer zu binden. Männer sind mehr für handfestere Gunstbeweise, bei denen sie ohne allzulange Vorbereitung zur Sache gehen können.

Die triebgesteuerte Verwirrung im Kopf, für die die Frauen das Wort Liebe gefunden haben, läßt relativ schnell nach. Mit dem Wegfallen der weiblichen Attraktivität läßt auch die Liebe genannte Verwirrung nach und weicht bestenfalls einer lebenslangen Sympathie. Da aber der Besitzanspruch am Manne von der Frau als lebenslanges Privileg angesehen wird, sorgen endlose Diskussionen dafür, daß diese Sympathie vollends flöten geht.

Wem es nicht gelungen ist, eine wirklich schöne Frau zu erobern, wird ewig von dem Bedürfnis getrieben sein, die vaginale Nähe anderer Bieterinnen zu suchen. Wenn also zweihunderttausend Damen in Deutschland Bumsen zu ihrem Beruf gemacht haben, und jede im Durchschnitt nur zwei Herren am Tage Freude bereitet, dann sind das immerhin 12 Millionen Sexualkontakte im Monat, die abseits ausgetretener Ehepfade stattfinden. Und in dieser Zahl sind nicht einmal die Kontakte drin, die in längerfristigen außerehelichen Beziehungen geführt werden.

Ohne daß jemand davon spricht, sind die Männer ein einzig'
Volk von Karnickeln. Doch die deutliche Darstellung dieses Sach-
verhaltes fehlt in der Gesellschaft, wird immer nur hinter vorge-
haltener Hand weitergegeben.

Nicht unbedingt bei den Männern selbst: Die haben eine große
Freude daran, sich über Sexualkontakte auszutauschen, Adressen
weiterzugeben und verträumt zu schauen, wenn die Erinnerung
besonders attraktiv erscheint. Die Variationsbreite sexueller Möglichkeiten wird weidlich ausgenutzt.

Die Vorstellungen etablierter Ehefrauen vom Sexualkommerz
sind im allgemeinen nebulös. Nur eins steht fest, daß der Mann im
Bordell um seine Barschaft gebracht wird. Na logisch! Für den
Mann ist das kein Problem, sondern die logische Konsequenz er-
worbener Freuden. Während er sich zu Hause trotz Dauerauftrag
in Sachen Geld mit vielfältigen emotionalen Kleinigkeiten rum-
schlagen muß, bekommt er hier einfach, bequem und ohne Diskussion das geboten, was er sich wünscht. Er bestimmt was Sache ist.
Die Länge des Vorspiels, die Schnelligkeit, mit der er zur Sache
kommt, die Menge des Alkohols, die er konsumieren möchte.
Heute ist er scharf aufs Spiegelzimmer: Alles da! Oder möchte er
es mal in der Badewanne versuchen? Bitteschön! Die ganze Kreati-
vität, die ihm in Sachen Sex zu Hause fehlt, bekommt er wieselflink
geboten. Wer hat schon zu Hause ein verspiegeltes Schlafzimmer,
in dem man die Lustbarkeit von allen Seiten erleben kann. Und
würde man sich diese Investition leisten – was würden dann die
Nachbarn denken?!

Besonders angenehm empfinden Männer die Triebbefriedigung im Lotterbett wegen der Unverbindlichkeit. Nach vollzogenem Akt bleibt nicht das Gefühl zurück, vereinnahmt zu werden
und Gegenleistungen liefern zu müssen. Deshalb nutzen Ehemänner wie Junggesellen die befreiende Wirkung der kommerziellen
Anbieterinnen gleichermaßen gern. Während der Junggeselle bei
jedem neuen Kontakt mit einer anständigen Jungfrau in die Trickkiste greifen muß, um überzeugend klarzumachen, daß er zur
Zweisamkeit nicht geeignet ist, erübrigt sich solcher Aufwand bei

der bezahlten Lust. Zahlen, gehen und niemals das Gefühl haben, am nächsten Tag angerufen und bearbeitet zu werden, sind die wichtigsten Antriebselemente für den Besuch kommerzieller Liebestempel.

Besonderen Diskussionsstoff über das Kommerz-Geschäft bietet auch das Thema des schauspielerischen Lustbeweises!»Die tun ja nur so...! Auch das kann einen wahren Mann nicht schrecken. Denn darauf läßt sich antworten:»Die tun wenigstens noch so...« Die mangelnde Orgasmusfähigkeit der Frau zu Hause hat in unzähligen Ehebetten zu einer Grabesstille geführt, bei der höchstens noch geflüstert wird:»Leise, die Kinder sind noch wach«. Die Entsorgung des Vaters reduziert sich daheim auf die Sinnlichkeit eines Überdruck-Ventils. Der gestandenen Frau ist es viel zu mühsam, ständig so tun zu müssen, als ob die bloße Existenz eines Penis sie zur Ekstase brächte. Gestöhnt wird höchstens, weil der Bettbezug wieder gewaschen werden muß.

Suggestion ist alles! Die»freiberuflich tätigen Damen« wissen, was sie ihrer Klientel schuldig sind und vermitteln diese Suggestion. Die»festangestellten Damen« meinen hingegen, daß die Ehe sie von dieser Notwendigkeit entbinde.

Nun glaubt aber wahrhaftig keiner von den Kerlen, die bei einer »Bordsteinschwalbe« einkehren, daß er es ist, der der Dame zum Lustgenuß verhilft. Kein logisch erfahrener Mann käme je auf die Idee, daß sein blasser, leicht gerundeter Leib der Professionellen zu höchster Wonne verhilft. Ihn erfreut höchstens das kommerzielle Engagement, daß er hier für sein Geld erhält.

Die Lotterbett-Wonnen sind also durchaus ehrlicher Natur und erfreuen alle Alters- und Berufsgruppen. Selbstverständlich gibt es auch hier qualitative Unterschiede. So wird der Mann mit dem bescheidenen Einkommen in der Wahl des Gunstbetriebes eine Art Schnellrestaurant in Anspruch nehmen müssen. Bei bescheidenem Finanzeinsatz kann man ein schnelles, triebsättigendes Menü in pflegeleichter Atmosphäre erwarten. Der besser betuchte Mitmensch hingegen wird für seine Ansprüche ein Feinschmekkerlokal wählen, wo in stilvollem Ambiente die delikatesten Menüs seiner harren. Dazwischen sind alle Variationen möglich. Wie im gatronomischen Bereich, so spricht man deshalb auch vom Gast und keineswegs von »Freier«, wie man von unkompetenter Seite immer wieder hört.

Übrigens ist es nicht so, daß den Feinschmecker nur die edelsten Genüsse befriedigen. Abwechslung belebt den Appetit. So findet man ihm auch schon mal in der Systemgastronomie, um sich an einer richtig ordinären Kartoffelsuppe zu delektieren...

Die freie Verfügbarkeit sexueller Reize ist für Millionen Männer eine unverzichtbare Freiheit. Volkswirtschaftlich gesehen ist sie höchst nützlich. Denn die drei Milliarden DM, die in diesem Bereich umgesetzt werden, werden nicht auf die hohe Kante gelegt, sondern gleich wieder verkonsumiert. Sogar bei der Durchsetzung der flexiblen Arbeitszeit ist die Sexualität von Vorteil. Millionen Männer mögen es, den eingefahrenen Rhythmus zu unterbrechen und damit auch das persönliche Privatleben undurchschaubarer zu machen.

Von großer Wichtigkeit ist der psychologische Effekt. Einen triebregulierten Mann erkennt man an einer gewissen Ausgeglichenheit der Gesichtszüge. Er atmet durch, fühlt sich wohl und hat eine rundherum befriedigte Psyche. Er wird sogar zu Hause freundlicher zu seinen Lieben sein, als er es von Natur aus schon ist. Er läßt sein Frauchen in Ruhe schlafen, was deren Schönheit dienlich ist und wird am kommenden Tag frisch und gelöst ins Büro gehen. Dort trifft er seine Kollegen und hat Gesprächsstoff, der dazu beiträgt, die gesamte Runde zu beflügeln.

Frisch und vital wird er seine Arbeit erledigen und den Versuch unternehmen, durch besonders gute Leistung sein Ansehen in der Firma zu verbessern und seiner Karriere dienlich zu sein. Letztlich können sich auch die Ehefrauen nicht beschweren. Man muß teilen können! Und eine Sache zu teilen, die einem sowieso nur bescheidenen Spaß macht, fällt doch nun wirklich nicht schwer. Die ständigen moralischen Ermahnungen, daß »man so etwas nicht tut« sind getrost zu vergessen, denn außerehelichen Sex hat es zu allen Zeiten gegeben und wird es zu allen Zeiten geben.

Und während in unserem Kulturkreis unverständlicherweise außereheliche Lustbarkeit als Sünde ersten Ranges gilt, ist man in vielen anderen Ländern da schon erheblich weiter. Die Japaner sind bester Beweis dafür, daß die Trennung zwischen »Ehepflichten« und »Sexualbedürfnis« bestens funktioniert. Nun kann man ja nicht gerade behaupten, daß die Japaner ein Volk wären, das auf der Stufe des Mittelalters stehen geblieben ist. Sondern diese Industrienation ersten Ranges hat das Leben zwischen Mann und Frau über Jahrhunderte hinweg sehr vernünftig organisiert. Da wird die Ehefrau für die Aufzucht und Pflege des Nachwuchses benötigt und hat für die Lebensqualität ihres Finanziers zu sorgen. Lustgewinn erzielt der japanische Mann in einem der unzähligen Clubs. Die Ehefrau hat die Sicherheit einer lebenslangen Versorgung und die kommerziellen Lustspenderinnen werden für ihre Dienste angemessen entlohnt. Warum in aller Welt tut sich dieses System, das sich bei einem 100-Millionen-Volk bestens bewährt hat, bei uns so schwer? Und warum entspricht die japanische Denkweise nicht unseren Moralvorstellungen? Ein Zeichen dafür, daß kosmopolitisches Denken sich nur schwer durchsetzt.

Im Geschäftsleben gehört die sexuelle Erbauung der Geschäftspartner zu den gehobenen Serviceleistungen. Der gemeinsame Besuch eines Liebesnestes ist von altersher eine angenehme Form des abendlichen Zeitvertreibs. Schließlich kann man nicht stundenlang über Geschäfte reden. So gibt es ganze Branchen, in denen die Einladung zu einer Lust- und Wonne-Nacht einfach zum guten Ton gehört. Je größer der Vertragsabschluß, desto selbstverständlicher die Buchung eines Sauna-Clubs. Das kostet zwar immer gleich ein paar Tausend Mark, doch je nach Vertragshöhe handelt es sich dabei oft nur um Beträge, die nicht mal eine Zahl vor dem Komma ausmachen.

Es gibt eine Männerregel, die heißt: »Bumsen verbindet«. Und in der Tat ist eine gemeinsame Orgie ein Lichtblick im Leben. Gemeinsames Koitieren gilt als äußerst vergnüglich, steigert die Laune und ist ein idealer Anlaß, um seinem Gegenüber zur rechten Zeit das *Du* anzubieten. Der Vertragsabschluß wird zur Nebensache. Manche große Freundschaft in Politik und Wirtschaft begann in einem Rotlichtlokal. Während auf dem geschäftlichen Parkett die Chancen relativ gering sind, einen kameradschaftlichen Kontakt aufzubauen, ergibt sich das im Intimclub von selbst. Wenn auch das Spiel immer das gleiche ist, ist die erotische Stimulans immer wieder überraschend intensiv. Ein gemischtes Doppel steigert in hohem Maße das Wohlbefinden der Teilnehmenden und sichert dem Einladenden die volle Sympathie seiner Geschäftspartner.

Es gibt Unternehmen, die diese Form der Geschäftsbelebung institutionalisiert haben und alle wichtigen Geschäftsfreunde zu solchen orgiastischen Aktivitäten einladen. Je größer ein Unternehmen ist, desto sicherer können Sie sein, daß ein Teil des Erfolges der Tatsache zu verdanken ist, daß progressive Manager das Instrument des Lustgewinns kennen und perfekt einsetzen. Die Eingeladenen lassen sich natürlich nicht nur durch die erotischen Spielereien zum Geschäftsabschluß überreden. Die Leistung eines Unternehmens muß zuallererst stimmen. Erst wenn gleiche Konkurrenzsituationen vorliegen, ist die erotische Zugabe das Zünglein an der Waage, um den Zuschlag vor anderen Bietern zu bekommen.

Solche Herrenrunden sind beliebte Gäste der professionellen Liebesbezeugerinnen. Die Kasse stimmt. Der Umgangston ist freundlich-frivol. Die Situation ist bei weitem nicht so verrucht, wie oft angenommen wird. Geschäftsfrauen verachten solche Lustgaben – es ist der schiere Neid, der hier mitschwingt! Die holden Weiblichkeiten erleben diese Form des Relaxing nur selten. Kuchenschachteln sind kaum ein Ersatz für das, was Männer sich an Vergnügen leisten. Nichtsdestotrotz: Es wird auch in Generationen nicht zu ändern sein, weil die Ursachen im Manne selbst liegen, und selbst staatliche Sanktionen keine nennenswerte Veränderungen bewirken würden.

20
Vertauschte Rollen: Die hohe Kunst des Chauvinismus

Durch die arbeitsteilige Gesellschaft und die Vielfalt der Qualifikationen wird das Angebot an Führungsaufgaben für die Damenwelt immer größer. Da in erster Linie spezifisches Können gefragt ist, stellt sich die Frage, ob eine Position besser von einem Mann oder von einer Frau bekleidet wird. Da die Zahl der Männer abnimmt, die sich zur Heirat entschließen, resultiert daraus eine längere Verweildauer der Frau im Beruf. Mit steigendem Alter wachsen die Ansprüche der Damen, das weiß man. Mit gestiegenen Ansprüchen reduziert sich aber gleichfalls die Zahl der Männer, die wirtschaftlich in der Lage sind, den höheren Lebensanspruch zu finanzieren. Solche Situationen entwickeln sich Schlag auf Schlag weiter. Mangels passendem Mann wird die vom Berufserfolg heimgesuchte Frau sich weiter nach oben rangeln.

Mit steigendem Erfolg und steigendem Einkommen werden die Damen – die in der Regel nicht von der besonders hübschen Sorte sind – zunehmend interessant für eine Männerschicht, die man in den Kitschromanen der Vergangenheit als Heiratsschwindler oder Hochstapler bezeichnet hat. Es geht ihnen in erster Linie darum, die wirtschaftlichen Quellen der alleinstehenden Damen anzuzapfen. Das Prinzip »Geld gegen Liebe« wird hier auf amüsante Weise einfach umgedreht.

Die junge weibliche Führungsschicht ist ein idealer Nährboden für den faulen Mann. Faule Männer sind meist gutaussehende Burschen mit stabilem Bizeps und markigen Gesichtszügen, die auf den ersten Blick bestechen. Die Jungmanagerin in einer Führungsposition, die von morgens bis abends gestreßte Kollegen um sich hat, wird magisch von diesem Typ angezogen. Sie möchte ihn besitzen, so wie der erfolgreiche Manager eine besonders hübsche Frau. Wenn man schon wählen kann – dann bitte nur vom Besten! So schleicht sich das sportgestählte Faultier in die Gunst der Dame. Ehe sie sich's versieht, gehört er zu ihrer Wohnungseinrichtung wie ein gut gestylter Kleiderständer. Und nun dreht sich das Spielchen mehr und mehr um, und den ledigen Chefinnen passiert genau das, was Millionen Ehemännern passiert: Sie sind eingebunden in die ständige Hetze des Geldverdienens, das dann der schöne Partner unter die Leute bringt.

Im Gegensatz zum weiblichen Geschlecht allerdings bekämpft der Beau seine Geldquelle nicht. Als Mann hat er rationales Denken gelernt und wird alles tun, um seine Ernährerin bei Laune zu halten. Dafür stählt er seinen Körper bei Golf und Tennis, während sie im Büro in langen Konferenzen den Kampf ums Dasein durchstehen muß. Er erledigt die Einkäufe – aber nur in den Nobelgeschäften. Hier kommt seine Schönheit besonders gut zur Geltung und bringt ihm Kontakte zur weiblichen Seite der High-Society, die den Beau tagsüber gerne zu Champagner und Kaviar lädt, während seine Herzdame sich durch Aktenberge wühlt.

Dieser gutgebaute, stets ausgeschlafene und strand- und sonnenstudio-gebräunte Schönling steht auch ständig »gut im Saft«. Denn seine vom Druck des Tages gemütigte Karrieristin ist abends so genervt, daß ihr Appetit auf Sexualität auf dem Nullpunkt angelangt ist. Schöner wird sie durch die anstrengende Tätigkeit auch nicht, denn Unmengen an Kaffee und zweistellige Zahlen an Zigaretten, die sie täglich braucht, haben ihrer Gesichtshaut bereits ein vornehm-blasses Gelb gegeben. Ihre sexuellen Bedürfnisse sind reduziert auf das Tätscheln der Po-Backen beim abendlichen Zubettgehen. Meist geht sie morgens schon vor ihm ins Badezimmer, weil der erste Termin drängt. Er hingegen bleibt noch ein wenig im Bett liegen, beschäftigt sich im Zweifelsfalle mit sich selbst und geht dann nach einem genußvollen Frühstück zur Tagesarbeit über: Golf oder Tennis oder Shopping. Jeden Tag das gleiche erfüllte Leben!

Da es sich gesellschaftlich für einen Mann nicht gehört, sich auf Kosten der Frau einen schönen Tag zu machen, ist es notwendig, daß der Beau zumindest nach außen hin eine Tätigkeit nachweist, die seine Geldausgeberei legalisiert. Ob er wirklich in seinem Beruf arbeitet, kann niemand so genau nachforschen. Ideal ist der Beruf des Innenarchitekten. Damit ist eine hohe Legitimation gegeben, an der Treppe von fremden Privathaushalten gesehen zu werden.

Aber auch andere freie Berufe eignen sich für den Gigolo: Unternehmensberater, Filmkaufmann oder auch Psychologe haben Niveau und bieten viel Freiraum.

Im umgedrehten Rollenspiel zeigt sich der wahre Meister des Chauvinismus. Noch ist die Zahl derer, die es beherrschen, nicht größer als die Zahl der Männer, die zu einer Domina gehen. Aber immerhin. Die Zahl derer, die den Spieß umgedreht haben, ist im Steigen begriffen. Schließlich hat auch die Zahl der Damen in Führungspositionen erheblich zugenommen, die sich nach einer starken Schulter sehnen. Partnerschaften zwischen dem Beau und der Fleißfrau sind von Dauer. Da die Frau nicht für harte Arbeit geschaffen ist, verschleißt sie sich enorm. Zehn bis fünfzehn Jahre schwerer Führungsstreß graben sich unweigerlich in die Gesichtszüge ein. Die Haut wird welk, weil der Zigarettenkonsum sich auswirkt. Venenleiden folgen, weil die sitzende Stellung am Schreibtisch nicht der üblichen Ruhelage entspricht. Für etwaige sportliche Betätigung bleibt keine Zeit. So wird diese leidgeprüfte Führungskraft von üblichen Männern überhaupt nicht wahrgenommen, wenn nicht gerade als Befehlsgeberin in ihrem Büro. Sie wird also keinerlei Gelegenheit mehr haben, einen normalen Burschen kennenzulernen, der noch Appetit auf ihre weiblichen Reize entwickelt. Bleibt ihr nur der Beau, der es genießt, nach getanen Taten ausgetobt ihr das Händchen zu tätscheln und ihr Mut zuzusprechen, am nächsten Tag wieder in die Tretmühle zu steigen.

Besonders geschickten Chauvis gelingt es sogar, der Eroberung gleich in den ersten Monaten des Zusammenseins ein Kind schmackhaft zu machen. Denn Kinder verbinden. Da die Natur vorgegeben hat, daß nur sie es austragen kann, wird er in diesen neun Monaten alles dransetzen, ihr das Leben so angenehm wie möglich zu machen. Er fährt sie ins Büro, holt sie ab und wird viel Zeit opfern, um sie zufriedenzustellen. Zwischen zwei Konferenzen läßt sich eine Geburt arrangieren: Erster Klasse im Krankenhaus mit Diktiergerät und Telefon am Bett – so ist auch in diesen schweren Tagen dafür gesorgt, daß der Kontakt zur Außenwelt nicht abreißt.

Es kann allerdings nicht die Aufgabe des schlauen Chauvis sein, Windeln zu wechseln. Da die wirtschaftlichen Verhältnisse nicht die schlechtesten sind, wird man sich gemeinsam dazu entschließen, eine Haushälterin oder ein Au-Pair-Mädchen anzustellen. So ist die Aufzucht des kleinen Wesens zumindest im Babyalter sichergestellt. Sobald das Kind eine bestimmte Größe erreicht hat, wird der schöne Papa es aber der Öffentlichkeit präsentieren. Das treibt Hunderten von Frauen die Tränen der Rührung in die Augen, wenn sie sehen, wie liebevoll sich Papa am Tage um sein Kind kümmert. Eine schöne Geschichte, die man dem eigenen Gatten abends vorwurfsvoll vorhalten kann, wenn dieser entnervt von der Arbeit nach Hause kommt.

So genießt der Schönling also auch noch die Gunst breitester Kreise der Damenwelt, was wiederum für sein Sexualbedürfnis von hohem Nutzen ist. Denn Fremdgehen ist in seiner Situation ein elementares Bedürfnis. Man kann von einem Mann doch schließlich nicht erwarten, daß er die permanente Unlust einer gestreßten Gattin klaglos hinnimmt. »Wohin mit dem Ding«, wie auf der Titelseite einer Emanzen-Zeitschrift zu lesen war, diese Frage plagt auch ihn schließlich jeden Tag aufs neue...

Interessant dabei ist, daß das umgedrehte Rollenspiel ungefähr gleiche Formen annimmt wie der Normalfall »Mann arbeitet – Frau haushaltet«. Der einzige, aber sehr wichtige Unterschied ist, daß der Mann seine Rolle nicht annimmt, sondern spielt! Er bleibt bei allen Regungen äußerst rational, weiß um die Effektivität seiner Beziehung und professionalisiert die Rolle des passiven Ehepartners bis ins Abgefeimteste.

Ähnliche Erfahrungen kann man machen, wenn man einen »Ball verkehrt« in Hamburg, Berlin oder sonstwo miterlebt: Die Damen übernehmen es, die Herren zum Tanz und anderen Amüsements aufzufordern. Dabei ist es das erklärte Ziel der Teilnehmerinnen, an einem solchen Abend das zu machen, was sonst dem Manne vorbehalten bleibt: Durch gezielte körperliche und verbale Stimulation zu einem Sexualkontakt zu kommen. Witzig ist dabei, daß der so geforderte Mann in diesem Spiel automatisch die Rolle des passiven Geschlechts annimmt (»Ich bin doch kein Junge für eine Nacht...«) und seine Reize tuntig ausspielt.

Die Frau in der dominierenden Rolle drängt und buhlt bei diesem Spiel, wie es sonst nur den Männern vorbehalten ist. Diese Form der Kommunikation ist in letzter Konsequenz nur »ein Spiel«. Die beteiligten Damen nutzen das »Drangsal-Prinzip« der Männer zwar, um den Kontakt aufzubauen, möchten aber im Grunde ihres Herzens doch zu einer Beziehung auf Dauer gelangen. Und die am Spiel beteiligten Männer nehmen zwar das Rollenverhalten einer Frau an, suchen aber trotzdem nur was für die Nacht. Eine generelle Änderung männlichen und weiblichen Grundverhaltens tritt nicht ein. Wie sonst könnte es sein, daß diese Form der Kontaktaufnahme sich nie zu einer Größenordnung entwickelt hat, die von Bedeutung ist.

Genausowenig wird die hohe Kunst des Chauvinismus – das vertauschte Rollenspiel – sich zu größeren Dimensionen entwickeln. Randerscheinungen sind immer nur eine Bestätigung des Ganzen.

21
Die jungen Herren mit den reifen Damen

Eine weitere Abnormität prägt das Geschlechterverhalten und findet in der Öffentlichkeit eine breite Resonanz. Bescheidene, kluge junge Männer fühlen sich nicht zur jungen Frau hingezogen, o nein, es müssen die ältlichen Semester sein, die dem jungen Mann das geben, was er am meisten vermißt: Geborgenheit.

Aha, der Ödipus-Komplex, wie uns die schlauen Psychologen beigebracht haben. Die in früher Kindheit entwickelte übersteigerte Bindung des Sohnes an die Mutter kommt hier zur Geltung. Auf diese Weise hat sich der griechische König Ödipus, der unwissend seinen Vater erschlug und seine Mutter heiratete, ein Denkmal auf Dauer gesetzt.

Da es sich also um eine klassische Verhaltensform handelt, hat auch noch kaum jemand versucht, dieses Problem in Frage zu stellen. Die Gläubigkeit der Menschen in vorgegebene wissenschaftliche Thesen ist derart groß, daß ganze Lebensbereiche sich nicht vorwärtsentwickeln können. So wird es zum Beispiel noch Jahrzehnte dauern, bis die »wissenschaftlich« abgesicherte Schulmedizin endlich in Frage gestellt wird und einer ganzheitlichen Betrachtungsweise des bio-energetischen Daseins weicht.

Also: Junger Mann – alte Frau. Ödipus-Komplex, ganz klar! Vielleicht ist aber, was sich da abspielt, nichts anderes als logisches Nachdenken in bezug auf die Ausgestaltung des Lebens. So ganz reizlos ist das Zusammenleben eines jungen Mannes mit einer älteren Dame ja nun auch wieder nicht. Es bedeutet zunächst, daß der junge Mann auf das ganze Theater mit gleichaltrigen Mädchen verdrießlich reagiert.

Dazu kommt die Notwendigkeit, sich aus der Affäre zu ziehen, wenn die Beziehung dauerhaft werden soll... Auch die Art und Weise, wie junge Mädchen ihre Heiratspläne vorbereiten, läßt jeden jungen Mann schaudern. Die Mischung aus Schnippigkeit, wilder Entschlossenheit, Emotionalität und Beleidigtsein, die monatelange Seelenmassage sind jedem Jungen ein Greuel. Hinzu kommt, daß nach einiger Zeit die Spannung des sexuellen Verlangens abflaut. Ist es einem gelungen, den Fängen der jungen Jägerinnen zu entkommen und zufällig eine ältere Frau kennenzulernen, so ist das eine völlig neue Lebenserfahrung.

Einmal ist die reifere Frau abgeklärter als die junge; sie hat im Laufe ihres Lebens gelernt, ihre Emotionen auf ein erträgliches Maß zu zügeln. Wenn sie bereits verheiratet war, weiß sie, daß man Männer nicht durch wilde Eifersuchtsdramen und emotionale Penetranz halten kann, sondern durch Ruhe und Toleranz.

Da Frauen im Laufe der Jahre ruhiger werden als Männer, offenbart sich dem jugendlichen Liebhaber eine Aura des Friedens. Während im gleichaltrigen Gespann der abendliche Emotionskampf dem vom Arbeitsalltag gebeutelten Mann die letzte Kraft kostet, findet der junge Freund bei der reifen Dame einen Hort der Ruhe.

Der Twen, der schon unzählige Spielarten weiblichen Temperaments hinter sich hat, genießt diesen unglaublichen Frieden mit innerer Verwunderung: »Daß es so was noch gibt«. Die Entscheidung, bei einer reifen Dame seine Beine unter den Tisch zu stellen, wird dadurch vereinfacht, daß eine gesundheitsfördernde Schlafstatt vorhanden ist: Die Dreizimmer-Wohnung oder gar das Einfamilienhaus mit hübschem Ziergarten, das aus erster Ehe geblieben ist, befreit von der harten Aufgabe, das Geld dafür noch heranschaffen zu müssen. Das hat meist schon ein guter Geist erledigt.

So können die Junggesellen-Möbel in den Sperrmüll, die Erinnerungsstücke verpackt und mitgenommen werden. Er lernt schnell, die kleinen optischen Schwächen der voll erblühten Rose in Kauf zu nehmen. Solche Details sind schon nach kurzer Zeit irrelevant. Die neue Partnerin weiß die Qualität ihrer jugendlichen Erwerbung zu schätzen. Ihre reifen Freundinnen wissen diesen Zugewinn zu würdigen. Sie ist plötzlich nicht mehr die verlassene Ehefrau, die sie bis dato war, sondern gewinnt das Image des »verruchten Weibes«, das in der Lage ist, selbst im reifen Alter noch junge Männer zu ködern. Keine Frage, daß ihr das gefällt. So wird sie ihren Jüngling in aller Öffentlichkeit präsentieren und seine Existenz nutzen, um ihre ewige Jugendlichkeit und Blüte zu demonstrieren. Ihre Kleidung wird jugendlicher, um ihm zu gefallen. Sie treibt Sport, um die Pölsterchen auf ein gefälliges Maß zu reduzieren. Nach außen hin entwickelt sie sich zu einer adäquaten Partnerin, was aber nur optisch davon ablenken kann, daß der innere Kern dem Reifungsprozeß unterliegt.

Es entsteht also eine sehr sinnvolle Zweckbindung, durch die der junge Partner seinen beruflichen Ambitionen viel besser nachgehen kann als in der üblichen Ehe. Altersunterschiede bis zu fünfzehn Jahre sind optisch einigermaßen in den Griff zu bekommen. Die Bekleidungsindustrie, die Accessoires- und Kosmetikbranche und im Zweifelsfalle der Schönheitschirurg sorgen dafür, daß sich der Alterungsprozeß ein paar schöne gemeinsame Jahre hinauszögern läßt. Schönheit ist heute nur eine Frage des Geldes.

Ein Merkmal allerdings kennzeichnet die Partnerschaft mit einer reiferen Frau, wenn die Verbindung von Dauer ist: Die »Ruhigstellung« färbt auf den Mann ab. Von beiden Seiten robbt man sich altersmäßig an einen Mittelwert heran. Da Männer, die ihre ersehnte Ruhe bei einer reiferen Frau finden, ohnehin nicht gerade von der wilden Truppe sind, betrachten sie den beschleunigten Reifeprozeß durchaus als angenehm. Der sogenannte Ödipus-Komplex hat aus heutiger Sicht seine angenehmen Seiten und seine Fangemeinde.

Es mag den jungen Mann geben, der eine intensive Mutter-Hörigkeit entwickelt hat und die spätere Frau nach den Faktoren auswählt, die er bei der Mutter so geliebt hat. Es gibt bei den Beziehungen der Geschlechter eben nichts, was es nicht gibt. Den Mutterkomplex aber all denen unterzujubeln, die sich dem Gezeter junger Frauen entzogen haben, ist dumm und bösartig.

22
Rivalinnen der Rennbahn

Ernste Probleme bereiten den Männern die grandiosen Rivalin-nen-Dramen, die je nach Intelligenzgrad in höchst aggressiver oder höchst abgefeimter Art ausgeführt werden.

Bei der Absicherung ihrer Einkommensquelle entfachen die Weiber millionenfach kleine familiäre Schwelbrände, die sich zu wahren Feuersbrünsten entwickeln können. Der Kampf erfolgt nie auf direktem Weg, sondern sucht nach indirekten Zersetzungs-möglichkeiten. Am ehesten ist ein Vergleich zur Guerilla-Taktik möglich.

Zwei Beispiele für die unterschiedliche Kampfform, die ich selbst miterleben mußte, zeigen, wie verschieden der Einsatz der Waffen ist.

Im ersten Fall wurde ein Berufskollege von einem Warenter-mingeschäfts-Hai aufs Kreuz gelegt. Wochenlang rief dieser in der Firma an, und die Dame in der Telefon-Zentrale stellte diese Gespräche durch. Der Hai prellte nicht nur den Kollegen um eine stattliche Summe, sondern nutzte die Telefonate auch, um die Telefonistin zu beschwatzen, was diese sehr genoß. Das Warenter-mingeschäft platzte, der Kollege verlor viel Geld und erfuhr, daß die Dame am Empfang zu allem Überfluß mit dem Schweinehund geschlafen hatte. Er verhielt sich wie ein Mann, stellte das Mädel zur Rede, und bot ihr alternativ an, zu kündigen oder die Verbindung zum Hai aufzugeben. Letzteres tat diese dann auch. So direkt klären Männer Problemsituationen.

Die Damen sind da anders: Eine andere Kollegin hatte den intelligentesten Kopf der Firma aufs Kissen gezerrt und ihm die »Gärtchenpflege« überlassen. Das ging auch einige Zeit gut. Die Dame machte Karriere. Nun entdeckte unser Naturbursche, daß auch noch eine andere Dame eine hübsche Botanik hatte und versorgte auch sie. Freundin Nummer Eins wunderte sich, daß der Botanik-Freund bei ihr plötzlich wie ein Grabpfleger auftrat, bis sie hörte, daß ihr Gönner auch noch auf einem anderen Feld ackerte. Wäre sie ein Mann gewesen, hätte sie die Kollegin zur Rede gestellt und die Angelegenheit direkt geklärt. Aber nein, das bringt eine intelligente Frau nicht fertig: Sie rief einen weit entfernten Geschäftsfreund an mit der Bitte, durch ein gut dotiertes Angebot die Nebenbuhlerin aus der Firma wegzulocken. Das funktionierte. Die Kosten dafür trug übrigens die Strategin. Verbunden war das ganze Spiel noch mit der Auflage, die Dame am neuen Arbeitsplatz so madig zu machen, daß sie bereits nach zwei Monaten fluchtartig das Weite suchte. Der Plan ging auf. Rivalin weg. Der Hobbygärtner entwickelte sich wieder zum geschätzten Pfleger.

Diese abgefeimte Strategie ist wahre Frauenmentalität. Die sportiv beißende und kratzende Frau, die sich wie wild auf die Rivalin stürzt, ist dagegen die seltene Ausnahme.

Ein Mann, der im Blickpunkt der Öffentlichkeit steht, ist für seine Frau ein besonders unsicherer Kantonist. Sie wird ihn möglichst von allen Aktivitäten fernhalten, die ihn zur Fahnenflucht animieren könnten. Der Kreis möglicher Rivalinnen wird sorgfältig analysiert. Wo sitzen die Damen, über die er immer noch positiv spricht, die ihn immer noch nicht vergessen können? Diese Gruppe muß für ihn als erstes geistig exekutiert werden. So verschwinden deren Bilder, so werden Kontakte auf ein Minimum eingefroren. Beliebt ist auch das Spiel, ledige Frauen, die sich um den eigenen Ehemann bemühen, mit Kontakten zu ledigen Männern ruhigzustellen. Jeder Junggeselle kennt die Einladungen zu Partys verehelichter Kollegen, auf denen es wie durch ein Wunder von Unbemannten wimmelt. Hier sollen Rivalinnen ganz einfach kaltgestellt werden – eine durchsichtige Methode.

Die Kaltstellung unerwünschter Personen bezieht sich allerdings nicht nur auf Damen, die zur Gefahr werden können, sondern auch auf Junggesellen, die nicht dem gängigen Klischee eines braven Mannes entsprechen. Besonders die Triebfreudigen, deren nostalgische Erinnerungen an gemeinsame Feindflüge dem angeketteten Mann Tränen der Wehmut in die Augen treiben, sind gefährlich für den zukünftigen Lebensstil. Dieser alten Freunde entledigt sich eine Frau, indem sie sich von der besonders coolen Seite zeigt. Einladungen nur, wenn es sich partout nicht umgehen läßt. Dann ist das Bier aber warm, das Essen schlecht und die Konversation stockend. Es müßte doch gelacht sein, wenn es nicht gelänge, den Gefahrenpunkt aus dem Weg zu räumen. Das böse Spiel funktioniert nicht ganz so leicht. Zwar wird der Unerwünschte sich schon bald nicht mehr im Hause seines alten Freundes blicken lassen (weil er so ungern warmes Bier trinkt). Er wird hingegen dafür Sorge tragen, daß sein dem seelischen Verformungsprozeß ausgesetzter Freund ihn im Wirtshaus an der Ecke trifft.

Interessant ist aber auch die Haltung von Ehefrauen, wenn es darum geht, die beruflichen Chancen des Mannes zu fördern. Denn in direkter Beziehung zum Einkommen des Mannes steht schließlich der Lebensstandard der angetrauten Frau. So wird jede sich bietende Gelegenheit wahrgenommen, um im Beisein des Mannes beim Chef aufzutauchen. Da wird das heißeste Kleid aus dem Schrank geholt, der süßeste Schmollmund gepinselt und der ganze Körper in Duftwolken gehüllt. Heikel kann es werden, wenn die erotische Anziehungskraft allzu rigoros eingesetzt wird, um den eigenen Ehemann in den Augen des Chefs aufzuwerten. Die Chefgattin wird mit Führerinnen-Miene deutlich machen, daß sie hier ein entscheidendes Wörtchen mitzureden hat. Beide Frauen setzen »Positionslichter«, die zur gegenseitigen Claim-Absicherung dienen: »Ich laß Dir Deinen, aber dafür hilfst Du mit, daß meiner mehr verdient, okay...«

Männer wissen um diese hinterfotzigen Tricks ihrer Frauen durchaus und schmunzeln am nächsten Tag darüber: Höchst selten funktioniert es so, daß am nächsten Tag der Chef sagt: »Sie haben aber eine interessante Frau, Meier, wir sollten uns mal öfter treffen...«

Im harten Leben ist das Gegenteil der Fall: »Junge, Deine Alte ist aber eine heiße Braut!« Daß einer »heißen Braut« wegen aber ein Trottel zum Senkrechtstarter wird, gehört zu den unausrottbaren Märchen aus der Welt der kleinen dummen Mädchen.

Einer Erwähnung wert ist auch die Einstellung der Frau zu ihrer Nachbarschaft. Ist zunächst einmal einschätzbar, daß die Ehefrau des Nachbarn keine Rivalinnen-Ambitionen hegt, ist das Verhältnis gut. Eine Trübung kommt vor, wenn der Ehemann der Nachbarin fremd geht. Solche Verfehlungen können dem eigenen Gatten zu Ohren kommen und einen verderblichen Einfluß ausüben. (So bleibt den Männern nichts anderes übrig, als ihre amourösen Abenteuer auf dem Taubenschlag oder im Garten hinter den Stachelbeeren auszutauschen...)

Die indirekte Gefahrenbeseitigung gehört zu den wichtigsten Aufgaben, die eine Ehefrau ihr Leben lang zu erledigen hat. Daß dabei unter Umständen beruflich wie privat brauchbare Kontakte zerstört werden, kommt ihr nicht in den Sinn. Nichts kann so wichtig sein, daß es das Risiko lohnt, den Ernährer zu verlieren.

Gefährlich ist der weibliche Einfluß im Büro. Schon an anderer Stelle habe ich erwähnt, daß die gemeinsame Geschäftsführung zwischen Mann und Frau in höchstem Maße das Klima eines Unternehmens strapazieren kann.

Gefährlich wird es, wenn eine First-Class-Nebenbuhlerin den Balzplatz betritt. Den Mann mit einer anderen teilen zu müssen überfordert die Vorstellungskraft einer Frau. Männer denken da anders: »Man muß jönne könne«, würde der Kölner sagen. Während die Vielweiberei in großen Teilen der Erde eine durchaus gängige Praxis ist, ist es nach der konservativen Meinung unserer Frauen unvorstellbar! Egoismus in Reinkultur. Anerzogen, ganz eindeutig. So wird der Kampf um den Mann mit härtesten Bandagen ausgetragen. Die Ehefrau verteidigt ihre Gebietsansprüche wie ein im Krieg befindliches Land. Und die andere weiß sich der

Waffe sicher, die nur sie zu bieten hat: Die andersgeartete Erotik, mit der sie den Abtrünnigen in ihren Bann zieht. Die Strategie und Taktik der Kriegsführung ist dabei höchst unterschiedlich. Eine kluge Ehefrau weiß sehr wohl um die Macht einer neuentdeckten Vagina. Sie weiß aber auch, daß das männliche Interesse an der neuen Spielwiese nach gewisser Zeit abflaut. Das heißt: Sie wird alles versuchen, um in dieser Zeit den Beschützertrieb des Mannes wachzuhalten. Endziel dieser Strategie ist, daß er nach erlahmtem Interesse wieder brav und zerknirscht das eigene Heim hütet.

Die Neue jedoch, nahe dran, einen Ernährer zu gewinnen, wird ihre Strategie darauf ausrichten, daß die Kontakte zu seiner Besitzerin so schnell wie möglich abbrechen. Je schneller die Scheidung eingereicht wird, je schneller die Möbel getrennt und der Hausstand gesplittet werden, desto besser sind ihre Chancen, die Nachfolgerin zu werden.

Einige verheiratete Profis aus dem Macholager haben ihr ganzes Leben angenehm gestaltet, indem sie diese unterschiedlichen Strategien für sich selbst genutzt haben. Wer die Strategien durchschaut, ist in letzter Konsequenz der lachende Dritte. So hat ein mir bekannter Geschäftsfreund mindestens zwanzig Jahre ein Spannungsfeld zwischen regelmäßig wechselnden Geliebten und der Ehefrau daheim aufgebaut. Er hat die Vielweiberei auf diese Weise meisterhaft gehandhabt. Profis dieser Sorte findet man allerdings selten, das sei den empörten Damen beruhigend mitgeteilt. Es erfordert schon eine gehörige Portion innerer Abhärtung und Abgebrühtheit, so etwas virtuos, dauerhaft und voller Lust durchzuhalten.

Wer sich eingehend mit den Rivalitäts-Prinzipien der Frauen auseinandergesetzt hat, die hier nur andeutungsweise dargestellt werden konnten, dem wird bewußt, wie unnütz das ganze Emanzipationsgeschwafel und die Gleichstellungsdiskussion ist. Die Frauen haben nur eine einzige Chance, die Männerwelt zu stören. Sie müßten zunächst in ihren eigenen Reihen eine Solidargemeinschaft bilden. Solange sich an dem Prinzip nichts ändert, daß die

Mehrzahl junger Frauen bereit ist, für den Trauschein ihren Kolleginnen den Mann gnadenlos auszuspannen, nützt die ganze Diskussion um Gleichstellung/Emanzipation nichts.

Hochachtung würde eine Frau gewinnen, der es gelänge, diesen »losen unorganisierten Haufen« – wie man bei der Bundeswehr sagen würde – zur Solidargemeinschaft zusammenzuschweißen. Solange dies aber nicht der Fall ist, werden Männer bleiben, was sie sind!

23
Der Seitensprung als Racheakt

Wenn man der einschlägigen Literatur Glauben schenken kann, gibt es mehr und mehr Frauen, die sich mit der momentanen Situation nicht abfinden. Lebenslange Ausbeutung, gepaart mit Wohlstand, scheint einer Frau nicht zu genügen. Sie will freier sein, sich selbstverwirklichen, was auch immer das heißen mag. Mir ist kein Mann bekannt, der einer Frau verbietet, zu arbeiten, um die Familienkasse aufzubessern. Noch keiner, den ich kenne, hat sich als Gefängniswärter herausgestellt, der seiner Angetrauten nur zu streng vorgegebenen Zeiten den Freigang außerhalb der Kerkermauern gestattet hat. Dennoch müssen Männer trotz ihres Fleißes, trotz der Strebsamkeit und manchmal bedingungslosen Kapitulation bestraft werden. Da haben sich Frauen ein Mittel ausgedacht, mit dem sie den Mann ins Herz treffen: Sie gehen fremd! Sie legen sich in die Betten anderer Männer und lassen sich von diesen decken wie Zuchtstuten. Und dabei empfinden sie wahnsinnig viel Lust, präsentieren sich als Vulkane, die unaufhörlich eruptieren – sind die Sünde in Reinkultur!

Es gibt viele solcher Stories. In nicht enden wollender Abwandlung wird die brave Frau, die daheim Haushalt und Familie versorgt, zur personifizierten Sünde.

Und was machen die Männer? Die armen Wichte gehen kaputt bei dem Gedanken, daß ihre Frauen von anderen gevögelt werden. Sie können nicht mehr schlafen, verlieren den Arbeitsplatz, werfen mit dem Mobiliar um sich. Es ist zum Heulen, wenn man sieht, welche Macht Frauen immer noch zwischen den Beinen besitzen. Der geplante Seitensprung ist das wichtigste Druckmittel. Mit ihm soll dem Mann bewiesen werden, daß eine Frau das Größte ist, was ein Mann im Leben erwarten kann. Sie, die sich ihm einmal hingegeben hat – nur ihm, versteht sich –, die ihm ihren Leib geweiht hat, diese Frau kann ihm das wichtigste Gut wieder entziehen, wenn er nicht schön brav nach ihrer Pfeife tanzt und alles dafür tut, daß es ihr gutgeht!

Desöfteren präsentieren Zeitschriften verlassene Ehemänner in großformatigen Bildern. Ähnlich politisch Verfolgten in den Kerkern der Welt gucken die armen Kerle traurig und geben weinerliche Kommentare ab. Immer ist eine Welt zusammengebrochen, wenn Mutti auf fremder Federkern-Matratze vernascht wurde. Die grausamste Rache, die eine Frau sich ausdenken kann, ist, sich einem anderen hinzugeben.

Bei diesem Thema wird jedoch mehr als deutlich: Das Machtzentrum der Frau liegt nicht im Kopf, sondern zwischen ihren Beinen! Sie nutzt es nicht nur, um einen Mann an sich zu binden, sie nutzt es auch noch, um ihre lebenslange Macht zu demonstrieren. Nicht Hirn, Verstand, Ehrgeiz und Vorwärtsstreben sind die Instrumente, die eingesetzt werden, um einem Mann Respekt beizubringen, sondern der Vagina-Entzug. Gibt es eigentlich einen besseren Beweis dafür, daß Frauen den Steuerungs-Mechanismus ihres Daseins gezielt in die Beckenregion verlagert haben?

Glücklicherweise sind Männer abgehärtete Naturen. Die geringe Zahl derer, die tatsächlich darunter leiden, daß ihre Frau einen anderen bumst, sollte nicht darüber hinwegtäuschen, daß die meisten Männer zum Thema Fremdgehen gar keine Beziehung haben. Sie empfänden es als sehr angenehm, wenn ihre Frauen einen ebenso ausgeprägten Trieb entwickeln würden wie sie selbst. Männer denken logisch: Warum soll eine Frau sich nicht auch das gönnen können, was sie sich selbst so gerne gönnen? Gleiches Recht für alle.

In dem Begriff »Seitensprung« steckt eine große »Tumbheit«. Er impliziert, daß beide auf dem gleichen Pfad der Tugend wandeln und plötzlich einer – »hupps« – zur Seite springt. Das entspricht aber überhaupt nicht den Tatsachen. Das Leben ist ein kontinuierlicher Weg mit lauter Kreuz- und Querverbindungen. Ein ständiger Grabenkampf mit den widrigsten Situationen. Ein permanenter Krieg, sowohl beruflich als auch privat. So ist also der »Querausstieg« grundsätzlich Teil des Lebens. Ihn zur Verfehlung hochzustilisieren, zeugt von geistiger Schlichtheit.

Manche Männer forcieren sogar diese Form, die Gattin aus dem Hause zu bekommen. Doch das paßt den Frauen nicht. Das würde ja bedeuten, daß das Machtzentrum da unten gar kein Machtzentrum ist. Und doch ist es so. Es gibt hinlänglich Beispiele, in denen der Ehemann seinem Freund die Gelegenheit bietet, einen Abend allein mit seiner Ehefrau zu verbringen, in der Hoffnung, daß sich durch den Akt der beiden sein eigener Arbeitsanteil reduzieren läßt.

Denn der Mann als praktisch veranlagtes Wesen begreift schnell, daß die Pflicht in der Ehe ihm nicht allzuviel Freude bietet. Andererseits stellte er aber auch fest, wie sein Weib daheim von der sexuellen Aktivität den Grad der Liebe abhängig macht. Besorgt er es ihr nicht, muß er ihr erklären, warum er sie nicht mehr liebt. So liegt es nahe, die Reize seiner Frau zur Disposition zu stellen. Denn damit bewirkt er eins: Sie hat ein kleines Geheimnis. Und sie schämt sich, wenngleich es ihr Spaß macht festzustellen, daß ihr Freudenhügel nicht an Wirkung verloren hat.

Beim außerehelichen Sex werden die gleichen Signale gesendet, wie in der Jugend. Die Machtausübung des Gärtchens der Lust genießt Mata Hari wie in den Zeiten der Jugend. Ihr Schamgefühl ist allerdings wichtig für das Seelenleben des Mannes: Denn dadurch ist sichergestellt, daß sie sich daheim von ihrer liebsten Seite zeigt. Fremdgehende Frauen sind eine Freude für jeden Mann. Sie tun alles, um die Spuren ihres sündigen Seins zu verwischen. Sie kümmern sich mit nie dagewesenem Engagement um den Ehemann. Solange das Verhältnis andauert, lebt ein Ehemann wie im Himmel auf Erden. Und: Sogar die ehelichen Pflichten machen ab und zu wieder Spaß, weil die Ehefrau vom alternativen Hengst

neue Kapriolen erlernt. Manche neue Stellung, manches Lustge-
schrei zieht ins erotisch verkrustete Schlafzimmer ein, nur weil
»draußen vor der Tür« ein anderer für erotische Spielsituationen
sorgt.

Der große Leidensdruck erweist sich als Papiertiger der Frauen-
gehirne, ist in Wirklichkeit kaum vorhanden.

Ein gutes Beispiel dafür liefern Hunderte von Pärchen-Clubs,
die den Seitensprung zum Hobby erklärt haben. In diesen Etablissements treffen sich zwischenzeitlich Abertausende Paare am Wochenende, um gemeinsam dem außerehelichen Gruppensex zu
huldigen. Es muß nicht jedermanns Sache sein, sich in Gruppen
zum Massen-Koitus zu finden. Die Clubs zeigen aber, daß nie ein
Mann leidet, wenn er erlebt, wie seine Frau besprungen wird. Fakt
ist vielmehr, daß ihm das höchsten Lustgewinn bereitet. So ist der
Motor zu diesem Clubbesuch auch immer der Mann, der auf diese
Weise die abgeschlaffte Ehe mit neuen Impulsen versehen will.
Nur selten kommt der Anstoß von der Frau. Es gibt dicke Zeitschriften, die 14täglich erscheinen und in denen Männlein und
Weiblein auf der Suche nach Lustpartnern sind. Bis zu dreihun-
dert Seiten mit Kleinanzeigen künden davon, wie eheliche Pflicht
in außereheliche Kür verwandelt wird.

Es wird nicht gelingen, mit dem Vorurteil aufzuräumen, daß der
Seitensprung das Schlimmste ist, was eine Frau dem Mann antun
kann. Verrückt lassen sich erfahrene Männer dadurch aber nicht
machen, weil die Realität anders aussieht.

24
Wie Wissenschaft und Statistik vom großen Irrtum ausgehen

Die Wissenschaft ist arm dran. Einerseits treibt sie den Fortschritt unaufhörlich voran. Andererseits wirkt sie als Hemmschuh, wenn sie sich hartnäckig in eine Sackgasse hineinmanövriert. Die Entwicklung der Schulmedizin ist ein gutes Beispiel dafür: Für jede Krankheit eine Pille, ohne Rücksicht darauf, daß jeder Mensch anders reagiert, die Langzeitwirkung also nicht abschätzbar ist und verheerend sein kann.

Die Psychologen haben die gleichen Probleme. Sie versuchen, den Menschen zu kategorisieren und in kleinen Schublädchen unterzubringen. Ein völlig unmögliches Unterfangen, da jeder Mensch aus 100 000 unterschiedlichen Stoffen besteht, die alle in anderer Kombination zusammengefügt sind. Die Variationsmöglichkeit ist so riesig, daß höchstens ein grober Rahmen festgelegt werden kann, eine Präzisierung aber im Detail nie möglich sein wird.

Die Wissenschaft ist aber auch Autorität um ihrer selbst willen. Sie kann sich nicht in Frage stellen, kann nie als richtig erkanntes Wissen zur Seite schieben nach dem Motto: »Was kümmert mich mein dummes Geschwätz von gestern«. Würde sie zugeben, Fehler gemacht zu haben, so würde das Weltbild einer ganzen Zunft zusammenbrechen, die sich für unfehlbar hält. Hinter dem lieben Gott stehen bekanntlich nur noch die Wissenschaftler.

Außerdem steht die Wissenschaft in einem engen Konsens zu Führung und Kirche. Die einen bezahlen die Wissenschaft, die anderen stellen in hohem Maße die Denk-Fabrikanten. Das heißt aber, daß die Thesen, die die Wissenschaft entwickelt, immer auf die Bedürfnisse der beiden Institutionen zugeschnitten sind. Folgerichtig entwickeln sich alle Forschungsvorhaben immer in Richtungen, die im Kern beeinflußt sind. Was die Beziehungen zwischen Mann und Frau angeht, so ist dies eines der besten Beispiele für die Trugschluß-Problematik der Wissenschaft. Zunächst einmal setzen Wissenschaftler voraus, daß es scheinbar gottgegeben ist, daß Mann und Frau zueinander gehören, nur weil der Mann seinem hemmungslosen Sexualtrieb folgt, den er eben nur bei der Frau abreagieren kann. Daraus entstehen Kinder, die aufgezogen werden müssen. Da einer Frau kaum zuzumuten ist, Kinder aufzuziehen und gleichzeitig die dafür notwendigen wirtschaftlichen Mittel zu erarbeiten, wird der Mann eng an das Ergebnis seines Tuns gekoppelt, ob ihm das gefällt oder nicht.

Darin liegt eine gewisse Zwangsläufigkeit. Besonders dem Staat ist sehr daran gelegen, alle Handlungen seiner Mitbürger in gelenkte Bahnen zu führen. Denn je mehr Verantwortung beim Bürger und je weniger beim Staat liegt, desto einfacher ist die Führung. »Management by delegation« ist ein bekannter Begriff im Wirtschaftsleben.

Die Kirche ist noch eine Spur radikaler. Sie erklärt kraft irgendeiner selbstverliehenen Kompetenz, daß Sex nur der Ehe vorbehalten sei und Mann und Frau zusammengehören, bis daß der Tod sie scheidet. Nicht einer der klerikalen Tugendwächter fragt danach, ob die Naturgesetze dies wirklich gewollt haben.

So werden Grundvoraussetzungen geschaffen, an denen sich nun die Wissenschaft die Zähne auszubeißen hat. Sie stürzt sich mit Vehemenz darauf, zu beweisen, wie die Liebe zwischen Mann und Frau zu funktionieren hat, wie die Partner denken, wenn sie »lieben«.

Dabei ist Liebe nichts anderes als eine chemische Formel: $C_8H_{11}N$ ist die wissenschaftliche Bezeichnung für eine Substanz namens Phenylethylamin. Wenn es beim Manne funkt, wird zunächst die Schaltzentrale Gehirn, das limbische System, stimuliert. Das führt dazu, daß jeder Mensch gewisse persönliche Duftstoffe, als Schweiß, die Pheromone ausscheidet, die zwar nicht bewußt wahrgenommen werden, im Riechhirn (das auch zum limbischen System gehört) eine sofortige Reaktion auslösen.

Im günstigsten Falle rufen also die Pheromone die Produktion von Phenylethylamin hervor. Dieses körpereigene Rauschgift versetzt 14 Milliarden Nervenzellen in Aufruhr! Eine unaufhaltsame Kettenreaktion setzt im Körper ein, bei der besonders das Hormon Adrenalin ausgeschüttet wird, was sonst nur in Zeiten echter Lebensgefahr produziert wird. Schon in winzigen Mengen ist Adrenalin in der Lage, selbst die allerletzten Kraftreserven zu mobilisieren und eine Unzahl von Gefühlen und Reaktionen auszulösen. In einem solchen Hormon- und Nerven-Chaos ist der Mensch zu keiner vernünftigen Überlegung fähig. Sein Körper kennt nur noch die Ziele des Überlebens oder Fortpflanzens. Wie diese Fortpflanzung dann funktioniert, ist allen bekannt. Nach dem machtvollen Durchgang ist einmal Schluß im Körper. Das sogenannte Acetycholin löscht den Flächenbrand. Niemals wieder wird der Körper so dermaßen durchgeschüttelt, wie nach diesem ersten Durchgang. Vielmehr flaut das Bedürfnis von Mal zu Mal ab.

Das darf aber für die Wissenschaft nicht sein. Denn die hat zu erklären, wie die Liebe zwischen Mann und Frau auch weiterhin funktioniert. Geradewegs krankhaft messen nun Scharen von Psychologen, Sexualberatern und anderen selbsternannten Gurus die Funktionen unseres Körpers, um herauszufinden, daß Mann und Frau doch für einander geschaffen sind. Mittels Pulsschlag und Schweißabsonderungen muß doch feststellbar sein, daß der Mann seine Frau noch nach Jahren begehrt. Seine Koitus-Frequenz im hauseigenen Schlafzimmer wird beobachtet und muß den Beweis liefern, daß die Zweisamkeit der beste Zeitvertreib sei. Es gibt nichts, was nicht irgendwie schon einmal an den Haaren herangezogen wurde, um das Ehegeschäft zu legitimieren.

So nimmt die Verklemmung ihren Lauf. Statt zu akzeptieren,

daß die Ehe im günstigsten Falle eine Lebensgemeinschaft ist, die darauf abzielt, zwei unterschiedliche Menschen durch die Einbringung persönlicher Ressourcen zu einem produktiven und angenehmen Leben zu verhelfen, wird eine zwanghafte Muß-Situation erfunden, die beide Partner unter Zwang setzt. Die Sinnesorgane dürfen nicht mehr spontan wirksam werden, wie die Natur dies vorgesehen hat. Der Trieb wird auf einen kirchlich wie behördlich überschaubaren Verhaltenskodex festgelegt.

Wie bei der Tieraufzucht werden Paare zueinander gelegt, um die Aufzucht zu intensivieren. Und wehe, einer kommt auf die Idee, diese Funktion anzuzweifeln. Diese Form der Zucht entspricht dem weiblichen Wunschdenken und wurde deshalb zu allen Zeiten von Frauen forciert. Denn während der Mann polygam veranlagt ist, ist die Frau von monogamen Gedanken und Zielen geleitet.

Die Führung findet also in den Frauen einen Verbündeten in der Einschränkung des männlichen Bewegungsdranges und nutzt dies weidlich aus.

Es ist müßig, sich täglich neu berieseln zu lassen mit statistischen Zahlen über das Sexualverhalten der Menschen. Und es hat noch weniger Sinn, sich ständig irgendwelche Sendungen zu Gemüte zu führen, in denen erklärt wird, wie man der Ehe neue Impulse geben kann. Denn solange die wissenschaftliche und therapeutische Praxis auf falschen Grundvoraussetzungen aufbaut, kann auch das Endergebnis nicht stimmen.

Solange biologische Gesetze mißachtet werden, muß jede Schlußfolgerung falsch sein. Während in der Chemie mit äußerster Präzision Kettenreaktionen chemischer Prozesse logisch nachgebaut werden und somit eine steuerbare Wirkung entfalten, wird diese Denkweise im Partnerschafts-Thema nie angewandt. Es ist doch keine Fackel der Liebe auf Dauer zu zünden, wenn die chemischen Prozesse im Körper anders verlaufen. Das hieße, an Wunder zu glauben.

Die dauernde Problematik des ehelichen Tuns wird sich auch in Zukunft nicht beheben lassen. Sie wird zwar Tausenden von Menschen Arbeit geben, die weltweit immer wieder Neues zum Harmonieverhältnis Mann/Frau entdecken und publizieren – bewirken wird man damit nichts! Aber auch absolut nichts! Millionen frustrierter Eheleute, deren Hauptbeschäftigung der Ehekrieg ist, können sich nicht irren! Und die Eheberatungsstellen – diese höchst unnützen Einrichtungen – werden mit der gleichen unveränderlichen Betulichkeit Unfug produzieren und Gemüter beruhigen, wie sich die Naturgesetze nicht verändern.

Der Umgang der Geschlechter wäre ehrlicher, wenn man endlich mal von der Realität ausgehen würde. Die Diskussion ist mit einem Physiklehrer zu vergleichen, der ständig zwei elektrische Plus-Pole aneinanderhält. Es funkt fürchterlich. Der Lehrer versucht seiner Klasse glaubhaft zu machen, daß das der richtige Weg des Energietransports sei. Unbeeinflußt vom Knallen und Funken spricht er weiter und erklärt die Situation. Seine Schulklasse wundert sich zwar, muß aber sitzenbleiben, weil der Lehrer schließlich die Autorität ist. Bleibt nur zu hoffen, daß die Pennäler am Ende doch aufstehen und das Klassenzimmer verlassen angesichts dieser ignoranten Präsentation von falschen Ergebnissen.

25
Schlechte Zeiten für Unlust, Mädels!

Frauen können einen Orgasmus haben, o ja! Ob sie wollen, steht hingegen auf einem anderen Blatt. Auch hier wurde eine Bewegung ins Leben gerufen, die nicht mehr aufzuhalten ist. Zunächst einmal will man die Menschheit glauben machen, daß die moderne Frau heute orgasmusfreudiger sei als alle ihre Vorgängerinnen.

Immer wieder findet man diese Gebrauchsanleitungen, in denen Frauen die »Tricks« verraten werden, um zum Orgasmus zu kommen. Vom klitoralen und vaginalen Orgasmus wird da diskutiert, die Unterschiede werden erklärt und die Möglichkeiten der Stimulans hinreichend beschrieben. So wird der Kitzler oberhalb des Scheideneingangs als der wichtigste Punkt einer Frau definiert, der ihr auch ohne männliches Zutun zu unglaublicher Freude verhelfen würde.

Unterstellt wird dabei, daß erst jetzt in der Neuzeit Frauen den Orgasmus entdeckt hätten. Was für ein Quatsch! Ganze Generationen von Frauen haben sich ein Leben lang vor unserer Zeit mit ihrem Körper beschäftigt, ohne daß sie viel Aufhebens gemacht haben. Soll denn tatsächlich einer glauben, daß sie ihr ganzes Leben lang nicht ein einziges Mal festgestellt hätten, daß da ein kleiner Zipfel ist, der bei intensiver Reibung ein gewaltiges Lustempfinden bewirkt? Soll denn tatsächlich jemand glauben, daß nicht seit Generationen Frauen immer mal längliches Gemüse oder den Wachskörper einer Kerze dazu genutzt hätten, deren Wirkung als Penisersatz auszuprobieren? Die Orgasmusfähigkeit zu erfahren, gehörte schon immer zu den kleinen Geheimnissen der Frauenwelt.

Nun ist der Orgasmus ganz reizvoll, bei den meisten Frauen aber wieder auch nicht so gigantisch, daß man ihn ständig haben muß. Bei der individuellen Abwägung, was dem Frauenkörper guttut, steht die Frau vor der Frage, ob Ruhigstellung oder ein orgiastischer Schüttelfrost ihrem Körper dienlicher ist. Sie hat die Wahl, indem sie ihren kitzligen Lustbolzen in Gang setzt oder es eben läßt. Da eine Frau bekanntlich den bequemeren Dingen des Lebens mehr Geschmack abgewinnt, wird sie sich in der Regel für die bequemere Version entscheiden. Die Orgasmusfähigkeit ist also wahrhaftig keine Entdeckung der Neuzeit. Das wäre ja so, als hätten wir erst jetzt entdeckt, daß Männer gerne onanieren.

Das Thema »Orgasmus« – ob vaginal oder klitoral – ist also keineswegs so neu, wie manche es darstellen. Interessant ist, daß in der ersten Phase der Orgasmus-Diskussion den Männern vorgehalten wurde, sie würden zuwenig dafür tun, den Mädeln ein so erfreuliches Erlebnis zu ermöglichen. Das hat sich zwischenzeitlich gelegt. Nun lautet die Diskussion, die Mädels mögen es sich bitteschön doch selber machen und damit den Männern beweisen, daß es auch ohne Mann geht! Na Gott sei Dank. Denn jetzt müssen wir uns endlich nicht mehr dauernd bemühen zu beweisen, was für Hirsche wir sind!

Allerdings ist die Diskussion nach hinten losgegangen. Denn wenngleich das Weib immer schon gewußt hat, mit welchen Bewegungen sie ihren Genitalbereich in Rhythmik versetzen kann, hat sie jetzt das Problem, daß sie einen Orgasmus kriegen muß, weil die Gesellschaft eine solche Regung von ihr fordert. Wo sind nur die Zeiten geblieben, zu denen man sich gemütlich ins Bett legen durfte und den Trieb des Mannes einigermaßen gelangweilt über sich ergehen lassen konnte! Ein echtes Stöhnen reichte aus, um dem Guten das Gefühl zu geben, daß es einem guttäte. Er war dann immer relativ schnell fertig und entwickelte keine Ambitionen, das

183

zarte Geschöpf länger als nötig unter seinem schweren Körper hin und her zu walken. Heute ist das ganz anders: Jetzt muß man als Frau doch tatsächlich nicht nur einen Orgasmus bekommen, ganze Serien an Superorgasmen werden dem weiblichen Leib abverlangt. Psychiater und Sexberaterinnen machen der armen Frau von heute weis, daß sie in der Lage sei, bis zu zwanzig Mal ihren Körper unter diesem Schüttelfrost beben lassen zu können. Mit dem friedlichen weiblichen Sexdasein, das relativ regungslos im Liegen ausgeführt werden konnte, ist es vorbei.

Jetzt muß man Flagge bekennen und die Region so stimulieren, daß der Mann ein Erfolgserlebnis bekommt. Und da er auch immer viel liest, weiß er ganz genau, ob der Orgasmus nur simuliert oder echt ist. Er spürt jetzt ganz genau, ob sich die Vagina auch tatsächlich verkrampft und der Pulsschlag in die Höhe geht. Das kleine Schreierchen, das früher genügte, hat ausgedient.

Die Orgasmus-Diskussion hat also der Frau ganz echt geschadet. Gut sind ältere Damen dran, die aus dem Sexualgeschäft heraus sind. Sie gewinnen der Diskussion nur noch polemischen Reiz ab. Und sie werden sich hüten, kundzutun, daß sie schon damals gewußt haben, wie so ein Orgasmus funktioniert. Im innersten ihres Herzens bedauern sie die junge Frau von heute, die sich ständig so verkrampfen muß, daß die Gesichtszüge Falten bekommen. Arbeit am Orgasmus ist etwas, das dem Verständnis einer Frau vom friedvollen Leben überhaupt nicht entspricht. Das Orgasmusgeschrei der Neuzeit muß man durchstehen wie so manche modische Hysterie, die, schlicht gesagt, einfach blöd ist.

Mit Sicherheit werden in zwanzig Jahren wieder andere Themen en vogue sein. Der Orgasmus wird dann Schnee von gestern sein, und die Frau kann zu ihrer alten befriedigenden Praxis zurückkehren: »Times are changing«.

Nun gibt es Frauen, die am multiplen Orgasmus Freude haben. Genauso, wie es Männer gibt, die Lust dabei empfinden, sich in Frauenwäsche zu gewanden. Aber diese Minderheit zu benutzen, um das Millionenheer der Frauen in den Orgasmusstreß zu treiben, ist rechtschaffen gemein.

Aus Sicht der Männer ist die Tortur selbstverständlich äußerst reizvoll. Denn eine vom Trieb geschüttelte Frau, die echte Orgasmus-Schreie losläßt, beflügelt die männliche Phantasie sehr. Das Gefühl, mit dem eigenen kleinen Lustspender eine gewisse Macht ausüben zu können, die man ihm eigentlich gar nicht zugetraut hätte, erfreut das Herz in höchstem Maße, läßt alle Sinne wach werden. Hinzu kommt, daß das durchgeschüttelte Wesen meist sofort in Abrahams Schoß fällt, auch im schmalsten Bett wie tot liegenbleibt, was aktive Männer als besonders unruhige Schläfer zu schätzen wissen.

Angenehm ist auch, daß die lustgeschüttelte Frau hochgradig an Energie verloren hat, die sie sonst einsetzt, um in langweiligen Diskussionen dem Mann den Nerv zu töten.

Fakt ist allerdings, daß die Orgasmus-Diskussion das einzige Produkt der Gleichberechtigungsbemühungen ist, das für den Macho akzeptabel erscheint. Endlich muß sie arbeiten, mitmachen. Nun liegt sie nicht mehr nur träge herum und amüsiert sich heimlich darüber, wie er sich abstrampelt. So besitzt die Frauenbewegung wenigstens einen Aspekt, der männliches Wohlgefallen auslöst.

26
Die sexuellen Phantasien der Männer

Jede Frau möchte hören, welche Phantasien Männer denn heimlich beherrschen. Sie will es nicht etwa wissen, um ihn mit Außergewöhnlichem zu erfreuen. Sie will vielmehr ihren Machtanspruch noch weiter ausbauen, den Mann noch weiter an sich binden. Denn sie weiß ganz genau, daß die wichtigste Kontaktzone ihres Körpers mit den Jahren an Interesse verliert.

Es muß doch irgend etwas geben, um den Mann wie in früheren Jahren zu fesseln und zu betören? Wo liegen diese kleinen Geheimnisse, mit denen man die Bindung absichern kann?

Um es gleich zu sagen: Nirgendwo! Wenn wir mal die wenigen Fetischisten vergessen, die sich an Schweinereien erfreuen, ist die überwiegende Zahl der Männer völlig normal konstruiert. Sie sind phantasielos! Nicht zuletzt deswegen verkaufen sich Woche für Woche Riesenauflagen von Sex-Magazinen so gut. Hier wird dem Mann die ganze Breite der Fleischeslust farbig und perfekt präsentiert vor Augen geführt. Einzige Aufgabe dieser Magazine ist es, den Mann sexuell zu stimulieren und ihm in seinem Selbstbefriedigungstrieb eine Hilfestellung zu leisten. Da das Gehirn des Mannes darauf programmiert ist, möglichst viel Sexualkontakte zu haben, verschlingt er das gebündelte Angebot mit den Augen und kombiniert Magazin und Onanie zum erstklassigen Abgang. Dann tritt wieder schlagartig Ruhe ein im männlichen Gehirn, und das Magazin wird zu den Akten gelegt. Der ungebremste Trieb sorgt dafür, daß die Magazin-Verleger jede Woche mit neuen Fotos aufwarten müssen, um die männliche Phantasielosigkeit zu befriedigen. Wenn Sie die Gesamtauflage der Titel zusammenrechnen, die Monat für Monat am Kiosk verkauft werden, dann kommen diese Objekte zusammen fast auf eine Auflage von 15 Millionen Exemplaren. Mindestens acht Millionen Männer kaufen Monat für Monat ein Sex-Magazin. Nicht um die Texte zu lesen, mit denen die Fotos der nackerten Mädel garniert sind. Freude macht solches Heft vor allen Dingen durch seine befriedigende Optik. Glücklicherweise ist das Angebot endlos. Kaum hat das alte Magazin seine Wirkung als Stimulator verloren, sind wieder neue Produkte auf dem Markt, die gleiche Gefühle vermitteln. Eine einzige Frau wird nie in der Lage sein, die geballte Ladung an Erotik im Familien-Schlafzimmer zu entfachen, wie das gigantische Angebot an Sexmagazinen. Jeder Versuch, gleiches zu bewirken, ist völlig sinnlos. Denn der Mann lebt in diesen Heften aus, was er in natura nicht ausleben darf: Die ungehemmte Naschsucht nach immer neuen Sexualpartnern. Hier bekommt er sie geboten. Sie können sich nicht wehren, und im Kopf kann er eine nach der anderen zur Strecke bringen.

Das kleine Zählwerk im Kopf ist nicht mehr in der Lage, all die Damen zu addieren, die dank der Onanie in der Phantasie beschlafen wurden. Fazit: Sexmagazine und Handbetrieb sind wichtig, um den Lustbedarf einigermaßen ausleben zu können.

Interessant ist, daß in besonders puritanischen Ländern, in denen es offiziell keine Pornoliteratur gibt, das Interesse schlagartig einsetzt, wenn sich die Verbote lockern und Pornographie freiverkäuflich wird. Es scheint, als würden die armen Jungs in solchen Ländern sich nur in einer Art Dornröschenschlaf befinden, bis ein liberaler Kuß die alten Lüste wieder erwachen läßt.

Sexuelle Phantasie zu entwickeln ist nicht gerade eine ausgeprägte Eigenschaft des Mannes. Selbst wenn zu sommerlichen Zeiten die Mädchen wieder ihre ganze Pracht in Freibädern, an Badestränden und auf den Boulevards zur Schau stellen, hält sich die Phantasie in Grenzen: Die Augen suchen zunächst im vorbei-flanierenden Angebot die ewig gleichen Reize. Die richtige Kombi-nation aus Busen, Becken und Laufgerät wird aus der Masse gefil-tert und dann im Kopf entkleidet. Es folgt eine vage Vorstellung, wie es sein könnte, den sexuellen Stimulator in die Horizontale zu legen – und aus ist der kurze Traum. Wohlgemerkt: Alle zwölf Minuten denken Männer an Sex. Damen, die sich mit Männer-phantasien auseinandersetzen, sollten an den nächsten Kiosk ge-hen und sich aus den vorhandenen Zeitschriften die prominente-sten Titel heraussuchen. Ein Blick auf das Angebot zeigt, wonach den Jungs der Sinn steht. Männliche Begierde stützt sich auf drei Stimulationsfaktoren: Busen, Po und Talsohle. Das ganze ein biß-chen ordinär, weil das Auge nicht heiraten will, sondern ejakula-tionsfördernde Stimulation braucht. Besonders »pervers« sollte die Ansicht auch nicht sein. Denn auf diese Weise wird im Bild schon vorweggenommen, was der Mann in seiner Phantasie noch nachvollziehen will. Nur eine Minderheit möchte sehen, wie es andere treiben. Die Mehrzahl liebt es, den Deckakt im Geiste selbst zu vollziehen. An diesem Punkt enden die Phantasien in der Regel. Die Gummipuppe aus dem Sortiment eines Sexshops wird höch-stens von Gefängnis-Insassen gekauft. Die Hart-Pornos auf Dauer nur von Verklemmten oder sexuellen Neueinsteigern. Die Reiz-wäsche wird von Damen des horizontalen Gewerbes gekauft, die ihrem Beruf alle Ehre machen wollen. Die Mehrzahl der Männer ist sexuell völlig normal und nur auf Addition der Kontakte, nicht auf kultisch aufgebauschte Reize getrimmt. Der wahre Mann liebt den direkten Weg zum sexuellen Glück und möchte mit wenig Ablenkung ans Ziel seiner Freude gelangen.

Männer sind genügsam, fleißig, aktiv und immer bemüht, mög-lichst direkt ein Ziel anzusteuern. Das eben macht das Eheleben mit ihnen auch so bequem. Wäre das anders, würden Millionen Schlaf-zimmer wie die Requisitenkammer eines Zirkusbetriebes aussehen. Spiegel, Soft-Beleuchtung, und andere Gerätschaften würden die Bettstätte beherrschen. Das Tuning des Autos hat aber glückli-cherweise immer noch Vorrang vor dem Tuning der Ehefrau...

27
Der etwas andere Blickwinkel in Sachen Impotenz

Wenn man den Berichten Glauben schenken darf, sollen drei Millionen Männer vorübergehend oder dauernd impotent sein. Kinder und Greise ausgeschaltet, müßte also jeder fünfte Mann Probleme damit haben, sein Ding in die Höhe zu bekommen.

Nicht in Frage zu stellen ist, daß es medizinisch Situationen gibt, die Männer aus dem Sexualleben aussortieren. Wen eine echte Krankheit erwischt hat, dem legt sich dieses Problem zwangsläufig auf die Gemütsverfassung seines kleinen Freundes. Wer ständig irgendwelche Medikamente einnehmen muß, um Körperfunktionen wie Nieren oder Herz in Gang zu halten, der hat mit sich selbst so viel zu tun, daß er sich getrost von dem Ding da unten für eine geraume Zeit verabschieden kann.

Sicherlich gibt es auch eine ganze Reihe von verklemmten Buben, die sich von dominanten Frauen haben so fertigmachen lassen, daß sie schon beim Anblick einer Frau eine Erektionsschwäche bekommen. Auch das sei nicht in Frage gestellt.

Die böswillige Unterstellung allerdings, daß jeder fünfte erwachsene Mann das Ding nicht mehr zum Spaßmachen benutzen kann, ist einfach falsch. Sie tun höchstens so, als würde es nicht funktionieren!

Wie bei so vielen Dingen im männlichen Dasein ist es wieder die nackte Tatsache der gesellschaftlich auferlegten Zweisamkeit, die sich auf das Gemüt des Mannes legt. Sie führt unweigerlich dazu, daß die männliche Begierde nachläßt. Zwanzig, dreißig Ehejahre haben so manchen Knaben hart gebeutelt. Wer Anfang zwanzig verheiratet wurde, hat Mitte vierzig ein Vierteljahrhundert Eheerfahrung mit nur einer Frau! Eine stattliche Leistung, so lange durchzuhalten und die vom Schicksal verordnete Gefährtin und deren Nachkömmlinge in beheizten Räumen aufzubewahren.

Da darf es doch noch erlaubt sein, daß das sexuelle Bedürfnis erlahmt. Es ist doch wahrhaftig ein bißchen viel verlangt, daß der Mann auch noch nach fünfundzwanzig Jahren dauerhafte Sprungbereitschaft zeigt. Gesellschaftlich erlaubt ist, daß er Herztabletten futtert, daß er Bauch ansetzt, daß er den täglichen Kampf um Arbeitsplatz und Karriere durchsteht. Nicht erlaubt scheint aber zu sein, daß er keine Lust mehr hat, es auch noch der Mama zu besorgen. Da schreien die Weiber auf und verbreiten die Mär von der Impotenz.

Es geht den Diagnostikerinnen der Impotenz keineswegs darum, sich mit dem Problem auseinanderzusetzen. Vielmehr wird versucht, die männliche Eitelkeit anzustacheln. Man möchte ihn kränken, den impotenten Mann.

Er soll an sich selbst zweifeln. Auch hier wird ganz einfach unterstellt, daß es männliche Pflicht sei, es Mama möglichst regelmäßig zu beweisen. Mit gleicher Penetranz wie bei der Penetration des Themas »Seitensprung« wird die Beziehung zwischen den Geschlechtern wieder unterhalb der Gürtellinie ausgetragen, in der Hoffnung, daß der Mann unter diesen Unterstellungen leidet.

Bedauerlicherweise gelingt es auch tatsächlich einigen bösartigen weiblichen Geschöpfen, Männer psychologisch so zu würgen, daß diese an sich selbst zweifeln. Die meinen doch tatsächlich nach jahrelanger Beeinflussung, sie seien die absoluten Schlappschwänze und hadern mit sich und ihrer Umwelt. Ein solchermaßen genervter Mann ist tatsächlich zur Marionette seiner Frau verkommen. Die spricht ihm auf diese Weise die Mannesehre ab und bringt ihm täglich aufs neue bei, daß er höchstens noch zum Arbeiten zu gebrauchen sei.

Wären wir Männer so »fies« wie die Frauen, dann würden wir mit penetranter Regelmäßigkeit in der Öffentlichkeit unsere Beschwerde anbringen, daß jede dritte Vagina von strohtrockenen klimatischen Bedingungen gekennzeichnet wird. Was sind drei Millionen Schlappschwänze gegen 10 Millionen Sahel-Zonen...! Doch so gemein kann ein Mann nicht sein, das entspricht einfach nicht unserem männlichen Naturell.

Der Mangel an Glieddurchblutung ist bei den meisten Männern keine Potenzstörung, sondern eine legitime Verweigerung der ehelichen Pflicht. Statt glücklich darüber zu sein, daß der Mann trotz ihrer sexuellen Reizlosigkeit bei ihnen bleibt, versuchen die Frauen, aus diesem Problem eine Waffe gegen den Mann zu entwickeln. Und wenn daheim kein sexueller Antrieb mehr vorhanden ist, so muß das doch noch lange nicht bedeuten, daß der Schießprügel auch in fremden Revieren versagt. Und obwohl damit keiner Einschränkung der häuslichen Situation verbunden ist, darf das auch wieder nicht sein. Wie man es macht, macht man es verkehrt.

Das schlappe Glied daheim ist also noch lange kein Beweis, daß sein Besitzer nicht bei anderen Frauen eine stramme Erektion hat. Es ist nur Ausdruck der Tatsache, daß Sexualität zwischen den Geschlechtern in den meisten Fällen auf Dauer nur unzureichend funktioniert. Deshalb sind hier aufgebauschte Nachrichten auch kein Mittel, es wieder aufzurichten. Die äußeren Umstände müssen sich verändern, dann geht der kleine Freund auch wieder auf Wachstumskurs. Solange aber biestige, meckrige, freche, aufmüpfige, dogmatische, bösartige, häßliche und quertreiberisch veranlagte Frauen täglich ihre Macht am Manne auslassen, wird er keine Lust und Laune verspüren, das Blut gezielt vom Kopf ins Glied zu transportieren.

Männer sind solange impotent, wie sich der Kopf weigert, im »heimischen Grabenkampf« nicht nur zahlen, sondern auch noch Leidenschaft heucheln zu müssen. Wer sich der Mühe aussetzt, einmal zu untersuchen, wie viele Männer nach erfolgter Scheidung wieder dem alten »Nageltrieb« folgen, wird überrascht sein ob der hohen Anzahl der Reaktivierten.

Für die Überwindung sogenannter Impotenz braucht man keinen neuen Psychotherapeuten, sondern neue Frauen.

28
Die heile Welt in der Männerrunde

Wie gut, daß Männer Freunde haben. Der Gedanke, von morgens bis abends mit einer Frau zusammenhocken zu müssen, ist für die Mehrzahl der Männer einfach unerträglich. Die ständigen kleinen Reibereien im Alltagsgeschehen bringen es mit sich, daß Atempausen psychisch einfach notwendig sind.

Wenn der Sexualtrieb nicht wäre, dann käme ein Mann beim besten Willen nicht auf die Idee, mit einer Frau zusammenzuleben. Warum sollte er, wo ihre Art zu denken, zu leben und zu handeln einfach nicht mit der seinen kompatibel ist. Die grundverschiedenen Ansichten und Einstellungen zum Leben decken sich im Prinzip nicht mit den seinen. Es ist wirklich eine interessante Vision, sich vorzustellen, wie die Welt aussähe, wenn der Nachwuchs im Reagenzglas gezeugt und der Sexualtrieb eingedämmt werden könnte. Mit hoher Sicherheit würde das Zusammendriften der Geschlechter enorm vermindert werden.

Die meisten Ehemänner sind froh, wenn sie ihre Heimstatt verlassen können. Schon auf dem Weg zur Arbeit relaxen sie, lösen sich schnell von den Problemen, mit denen sie daheim konfrontiert wurden. Sie atmen geistig und seelisch durch, schütteln den Ballast ab und orientieren sich neu. Danach tauchen sie in ihre Männerwelt und würden die Frauen vergessen können, wenn ihr kleiner Herr sie nicht immer wieder auf das weibliche Geschlecht aufmerksam machen würde. Etwa fünfeinhalb Millionen Menschen sind gerade im Betrieb angekommen, da finden sie auf Seite zwei ihrer Morgenlektüre ein nacktes Mädchen zwischen den Text gerückt. Die Dimension ihrer Oberweite fängt unweigerlich den Blick und fördert die Diskussion in der Frühstückspause: »Die würde ich auch nicht von der Bettkante schubsen...«

So köchelt das Thema Nummer eins im Manne und wird sich auch bei ihm nie legen, wenngleich immer wieder die Freude groß ist, wenn man dem Gespräch mit weiblichen Wesen aus dem Wege gehen kann. Der Mann befindet sich in einem ständigen Zwiespalt. Einerseits ist er froh, einen weiten Bogen um die Frauen machen zu dürfen. Andererseits zieht es ihn dann doch wieder an die Stätte der Sünde zurück. Da wir die großen Probleme der Zweisamkeit hinreichend erörtert haben, möge die Darstellung des »Kuraufenthalts« Männerrunde das Verständnis für männliches Denken ein wenig abrunden.

Zunächst einmal wird der Mann von einer Zufriedenheit ohnegleichen ergriffen, wenn er das heimische Volk verlassen hat und eingetaucht ist in die Welt seiner Geschlechtsgenossen. Je nach dem, ob sich der Abgang daheim unpopulär oder gar dramatisch abgespielt hat, ist der Grad der Zufriedenheit und Gelöstheit größer oder kleiner.

Zunächst gilt seine Bewunderung denen, die sich ihr Junggesellen-Dasein gesichert haben. Besonders der Typ des knallharten Machos genießt Ehrfurcht, weil er sich brutal allen weiblichen Versuchen widersetzt, ihn unter die Haube zu bringen.

Der wilde Hengst, der frei auf allen Feldern grasen kann, wirkt neben dem braven Ehemann, der die Funktion eines Arbeitspferdes übernommen hat, wie ein Sinnbild der Freiheit. Der Junggeselle genießt die hohe Achtung, weiß von amourösen Abenteuern zu berichten, die dem Etablierten den blassen Neid ins Gesicht treiben.

So ist die Männerrunde ein Platz der Ausgewogenheit, des Friedens, des konstruktiven Dialogs, bei dem sich Frage und Antwort lustvoll abwechseln. Die Ansichten und Diskussionsbeiträge basie-

194

ren – je nach gesellschaftlicher Sicht – auf einer gleichen Denkgrundlage. Der Arbeiter, dessen Welt sich um Fußball, Autos und Berufserlebnisse rankt, kann mit seinen Freunden genausogut diskutieren wie der Geschäftsmann, den Finanzämter, Personal- und Betriebskosten beschäftigen. Beide haben das gute Gefühl, daß der Dialog mit dem Gegenüber stimmt. Besonders angenehm ist, daß unter Männern nicht jedes Wort auf die Goldwaage gelegt wird. Keiner der anwesenden Jungs sucht beim Gegenüber nach Schwächen, um daran eine emotionale Diskussion aufzuhängen mit dem Ziel, den anderen seelisch unterzubuttern. Auch wenn es laut hergeht in der Männerrunde, herrschen hier gewisse Spielregeln, die zu Hause nicht angewandt werden. Selbst die hitzigste Debatte, bei der man befürchten muß, daß die Diskutanten sich die Köpfe einschlagen, bietet noch innere Befriedigung, weil die Inhalte rational bleiben und nicht abdriften in Bereiche, die nicht mehr überschaubar und steuerbar sind.

Männer bleiben friedvoll, wenn wir die paar Proleten ausklammern, die sich vollsaufen und dann vor die Birne hauen. Die Mischung aus Verständnis, Abstand vom Zuhause und gleicher Interessenlage ist für das seelische Gleichgewicht des Mannes eine äußerst wichtige Komponente. Nicht zuletzt haben sich im englischsprachigen Raum die Herrenclubs so gut behaupten können, bei denen Frauen der Zutritt verboten ist, damit die Männer unter sich bleiben können.

Diese Einrichtungen zeigen aber auch, daß ein gewisser Abstand zwischen Ehepartnern gewahrt bleiben muß, wenn nicht die eheliche Harmonie vollends vor die Hunde gehen soll. Jungen Frauen sind diese Institutionen der Männertreffs ein Dorn im Auge. Der Gedanke, daß der Mann hier außerhalb der weiblichen Einflußsphäre ist, paßt nicht in ihr Weltbild, weil die Angst, daß er dort anders programmiert wird, eine Frau doch sehr bedenklich stimmt. Hier wird sich besonders der junge Ehe-Mann durchsetzen müssen, um seine alten »Thingstätten« auch weiterhin besuchen zu dürfen. Der Kneipenbesuch von früher ist letztlich nur eine Zeiterscheinung, denn dort wechseln die Zielgruppen ständig.

Wer gestern noch eine In-Kneipe mit lauter 20jährigen besucht hat, wird sich als Dreißigjähriger an diesem Ort nicht mehr wohlfühlen. Sportvereine sind ideale Treffs für Männer. Aus diesem Grunde haben Fußballclubs einen so hohen Zulauf, weil hier Gruppen von Männern zusammenspielen und die Teamarbeit das daheim verlorengegangene Gefühl von Partnerschaft neu belebt. Die Popularität dieser Sportart hängt nicht etwa mit der Sportlichkeit zusammen, sondern mit dem männlichen Gruppengefühl, das hier erlebt wird.

Früher war auch die Politik noch ein männliches Betätigungsfeld, um sich vom Zuhause absetzen zu können. Doch seit immer mehr Frauen in den Räten der Stadt mitdiskutieren, hat die Freude am Politikerlebnis für den echten Mann stark gelitten.

Die meisten Männerrunden sind von Tätigkeiten gekennzeichnet, die üblicherweise den Frauen keinen Spaß bieten: Biertrinkend an einer Theke zu stehen macht – von Ausnahmen abgesehen – tatsächlich nur Männern Spaß. Einer Frau wäre es viel zu unbequem, stundenlang auf den Beinen zu sein, sich an einer Stange festzuhalten und dabei Gerstensaft in sich hineinzuschütten. Was Männer dabei empfinden, ist für sie nicht nachvollziehbar.

Besonders auf dem Lande beliebt sind Feuerwehr und Schützenbruderschaft. Bei diesen Institutionen finden Millionen Männer ihre zweite Heimat. Wenn einmal im Monat ein Vereinstreffen ist, dann werden die Uniformen gestriegelt, und ab geht die Post. Für den Mann ist dieses Ritual jedes Mal wieder eine Art Sonntagsvergnügen. Hier kann er so herzlich lachen, wie sonst kaum. Hier fühlt er sich unter seinesgleichen und findet Verständnis dafür, wenn er sich über die Eskapaden seiner »Alten« aussprechen kann. Kein Psychologe wird je in der Lage sein, Männern in dem Maße zu helfen, wie die Einbindung in eine intakte Männergemeinschaft sie bietet. Die Eheberatungsstellen im Lande könnten zuhauf schließen, wenn alle Männer ihre Versammlungsplätze hätten, an denen sie unter sich sind und geistig neu auftanken können. Das ganze salbungsvolle Gerede, in welchem die »Beziehungskisten« zwi-

schen Mann und Frau stets neu aufgerollt wird, wäre uninteressant, wenn klassische Prinzipien rekultiviert würden.
Das Gegenteil ist jedoch der Fall. Immer öfter gelingt es Frauen, sich auch noch in die Männerrunde einzuschleichen und diese durch ihre Anwesenheit zu entweihen. Nicht einmal mehr hier hat der Mann Gelegenheit, sich über die Eskapaden der Frauen auslassen zu dürfen, und sich an Erzählungen aus der Junggesellenzeit aufzurichten. Gemischte Kegelclubs, Gartenfeste mit den Nachbarsfamilien, gemeinsame Tanzveranstaltungen oder gemeinsamer Sport im Verein führen zu einem permanenten Zweisamkeitsprozeß mit allen seinen negativen Auswirkungen. Die Freiheit, die der Mann unbedingt braucht, wird ihm ständig und an jeder Ecke beschnitten.

Schuld daran ist die Tatsache, daß der moderne Haushalt und der geringe Kindersegen den Frauen viel zuviel Freizeit lassen. Sie sind daheim nicht ausgelastet und folglich auch nie mehr richtig müde. Bittere Folge: Wenn der Mann abgeschlafft vom täglichen Tun nach Hause kommt, trifft er auf eine vitale und ausgeruhte Frau. Diese hatte bereits ihr persönliches Gruppen-Erlebnis in Form des nachbarschaftlichen Kaffeeklatsches und möchte nun noch mit ihrem Papa auf die Walze gehen. Mit weiblicher Penetranz redet sie solange auf ihn ein, bis er – der Diskussion überdrüssig – sie mitnimmt in die Welt der Männer.

Sobald aber eine Frau dabei ist, wird die Diskussion nicht mehr in der Art geführt, wie Männer es gewohnt sind. Der Verbalismus ändert sich. So wie ein Tropfen Öl ein Glas Wasser ungenießbar macht, so führt auch die Anwesenheit einer Frau dazu, daß die Gespräche nicht mehr von jener Ursprünglichkeit sind, wie Männer sie mögen.

Die Folge: Die Runde weicht auf. Beim nächsten Mal kommt Frau Nummer zwei mit. Bald ist die Runde zusammengesetzt wie die Kaffeetafel beim Hochzeitsschmaus. Die Männer sitzen brav mit ihren Weiblein zusammen und reden betulich und unehrlich vor sich hin. Die eigentliche Funktion der Männerrunde ist hin, und der Frust wird dort ausgetragen, wo er entsteht: zu Hause.

Zu den Glücklichen zählt jedoch der Mann, der in exponierter Stellung in einem Büro tätig ist. Denn dort hat er die Gelegenheit, sich in zweierlei Hinsicht eine Männerrunde zu gönnen: Da ist die Konferenz, in der sich Leute vom gleichen Geschlecht treffen können. Und da gibt es die Geschäftsreise mit Kollegen, die Messebeteiligung oder was auch immer, um unter Männern zu sein. Diese Begegnungen erfüllen den gleichen Zweck wie der Stammtisch oder der Hobbyclub. Wer im Büro tätig ist, weiß um die Konferenzen, in denen nicht der betriebliche Zweck im Vordergrund steht, sondern das kollegiale Zusammensein gefragt ist: »Was gibt's Neues bei Dir?«

Es ist eine irrige Meinung, daß es reine Boshaftigkeit ist, wenn Männer Frau und Familie am Abend verlassen, um sich in der Kneipe ihren Freunden zu widmen. Hat man je einen Mann erlebt, der seine Frau gescholten hat, nur weil sie stundenlang mit ihren Freundinnen beim Kaffee quatscht? Der Freundeskreis, der nur aus Männern besteht, ist eine rituelle Handlung und hat jahrtausendealten Hintergrund. Er ist ein wichtiges Instrument, um überhaupt das Zusammenleben mit dem weiblichen Geschlecht einigermaßen erträglich zu gestalten. Männer brauchen diese Tankstellen des Geistes, um sich in ihrer Art des Denkens und Handelns zu bestätigen. Am Grad der Notwendigkeit, mit der ein Mann zu seinen Freunden geht, kann eine Frau erkennen, wie weit sie geistig von ihm entfernt ist. Wo aber gibt es die kluge Frau, die in solchen Fällen nicht nörgelt, sondern versucht, zur Persönlichkeit ihres Mannes ein besseres Verhältnis zu finden? Das Gegenteil ist eher die Regel: Die autoritäre Forderung, daß er sich gefälligst um sie zu kümmern hat. Denn sonst droht, was einen Mann nicht schrecken kann: »Liebesentzug« – was auch immer das ist.

29
Warum sind Machos bei Frauen so beliebt?

Warum in aller Welt hat der sogenannte Macho eigentlich Chancen bei Frauen? Üblicherweise müßte sich eine Frau von seiner Radikalität eher abgestoßen fühlen. Wenn man versucht, die Sache von der logischen Seite anzugehen, dann müßten doch die netten weichen Jungs, die introvertierten pflegeleichten Kameraden die besseren Partner sein und voll im Visier der weiblichen Heiratslust stehen.

Denn irgendwie machen diese lieben Jungs doch gut und gerne 5 Prozent der männlichen Bevölkerung aus. Diese Minderheit muß immer wieder dazu herhalten, wenn es darum geht, den weiblichen Führungsanspruch zu beweisen. Aus dieser Gruppe werden dann die herausgepickt, denen die Mädchen weggelaufen sind und die mit ihrem Seelenleben nicht mehr zurechtkommen. Sie werden – wie in Diktaturen üblich – als Leidende präsentiert, um den Machtanspruch auszubauen. Kurioserweise stehen die lieben Jungs nicht im Mittelpunkt des weiblichen Strebens nach dauerhafter Absicherung und werden erst dann von den Damen entdeckt, wenn der Markt von Typen der härteren Bauart leergefegt ist. Die Braven bevölkern indes die Universitäten und studieren naturwissenschaftliche Fächer, um dann in einem Labor den Rest ihres Lebens damit zu verbringen, die Teilung von Zellstrukturen zu beobachten.

Die radikalen Vertreter der Männerzunft hingegen bleiben oft in jungen Jahren in den Spinnennetzen weiblicher Beharrlichkeit hängen und werden gezähmt. Daß die Scheidungsquote bei ihrer Mentalität hoch ist, versteht sich von selbst.

Den Macho zeichnen einige Dinge aus, die Frauen gefallen. Zunächst fackelt er nicht lange rum. Er sagt, was er will. Er geht auf Eroberungskurs und sucht gezielt die Dame aus, die seinem individuellen Bedürfnis zu entsprechen scheint. Auf diese Weise erübrigt es sich für Frauen, selbst aktiv zu werden, um einen Mann kennenzulernen. In jedem Falle darf man bequem sitzen bleiben und mit zunehmender Willenlosigkeit erleben, wie man erobert wird. Das haben Frauen schon zu allen Zeiten genossen. Es ist immer schon einfacher gewesen, zu reagieren als zu agieren.

Ein weiterer Faktor ist, daß Machos nicht nur in bezug auf Frauen vital sind. Es gibt keinen Macho, der im Beruf unerfolgreich ist. Die Kraft, die ihm innewohnt, setzt er nicht nur beim Baggern irgendwelcher Sexualpartnerinnen ein, sondern er gilt auch im Beruf als unbändiger Durchstarter. Dort nennt man ihn jedoch nicht Macho, sondern Macher!

Die Folge: Sein Auto ist rassiger, seine Ideen sprühender, seine Vitalität umfassender, seine ungezügelte Lust am Leben größer. Er geht zur Sache, wartet nicht, sondern entscheidet. Ein zweiter Pluspunkt für ihn. Denn die äußeren Umstände führen dazu, daß diesem Typ Mann oft erheblich mehr Geld zur Verfügung steht als dem stillen, introvertierten, der sich erst akademisch hocharbeiten muß. Machos findet man nicht im Labor, sondern höchstens an der Börse. Während der andere noch darüber nachdenkt, ob er einen Bausparvertrag abschließen soll, hat der Macho schon längst mit gepumptem Geld gebaut und arbeitet wie ein Wilder, um die Schulden in den Griff zu bekommen. Kerle, die so strukturiert sind, sind Balsam für die Seele der Frau. Binnen kurzem in den Genuß eines auskömmlichen Daseins zu gelangen, gefällt den Frauen.

Beliebt ist der Macho außerdem bei den Busenbombern, weil er zur Sache kommt: Er will seinen Trieb ausleben, so intensiv, so

200

aktiv wie eben möglich. Auch das schmeichelt der Frau, denn sie verfällt schnell der Ansicht, daß bei ihm ihre sexuelle Fähigkeit den höchsten Wirkungsgrad erzielt. Da aber die Akzeptanz ihrer sexuellen Reize ein wichtiger Indikator ist, um den Grad der zukünftigen Abhängigkeit bestimmen zu können, wird sie seinem Lustwerben wohldosiert nachgeben und versuchen, es dauerhaft zu nutzen.

An vierter und letzter Stelle steht, daß der Macho wegen seiner schnellen Entscheidungsfreude auch keinem Abenteuer aus dem Wege geht. Folge: Er ist leichter zu einer Bindung zu überreden als der stille Knabe, der erst einmal Studium oder Weiterbildung beenden will, dann zunächst im elterlichen Haus den Anbau fertigstellen läßt und nicht eher mit der Auserwählten einzieht, bevor das letzte Möbelstück angerollt ist.

Machos sind also nicht deshalb so häufig unter den Ehemännern zu finden, weil sie eine so große Faszination auf Frauen ausüben, sondern weil sie schneller als andere spontane Entscheidungen treffen. Jede Frau ist darüber hinaus der festen Überzeugung, daß sie in der Lage ist, das eingefangene Wildpferd manegegängig zu machen. Ihr ganzes Sinnen und Trachten wird darin liegen, die Wildheit in neue, zahme Bahnen zu lenken. Denn aus vielen Gesprächen mit Freundinnen weiß sie, daß ein Mann, der ständig angeschoben werden muß, sehr viel mehr Arbeit bei weniger Erfolgsaussicht macht als ein wild entschlossener Macho. Es muß doch möglich sein, sein Energiepotential so zu lenken, daß dabei ein höchstmöglicher Profit erzielt wird, so die schlichte und nicht einmal unlogische Schlußfolgerung. Zwar ist die Anfangszeit mit einem solchen Typ oftmals mit Härten verbunden, wenn er wieder mal durchgebrannt ist und sich in irgendeiner Kneipe mit Kollegen bis zur »Oberkante Unterlippe« betrunken hat. Aber die strategisch denkende Frau ist geduldig, besonders da ihr die Mutter eingebleut hat, daß nur aktive Männer das Leben meistern.

Wie eine Spinne wird sie beobachten, wie der eingefangene Macho sich mit der Wildheit einer Wespe immer mehr im Spinnennetz verfängt und paralysiert wird. Da eine Frau an Lebensbindung denkt und nicht nur in Zeiträumen von Jahren, ist ihr völlig bewußt, daß die ungebremste Energie ihres Eingesponnenen ihr viele Jahre zur Verfügung steht. Da sexuelles Verlangen bei Männern ja bekanntlich mit seinem Alter abflacht – so spekuliert sie – wird er irgendwann einmal den wilden Drang gebändigt haben und die verbliebene Kraft nur noch ihr zur Verfügung stellen.

Die Gedanken sind falsch, und die Erfahrung sollte Frauen eines besseren belehren. Einen Mann in seinem Wesen zu ändern, hieße, ihn erbbiologisch lahmzulegen. Und das funktioniert nicht.

So wird der eingefangene Macho zwar für eine gewisse Zeit zu bändigen sein, sich aber mehrgleisig orientieren. Es wird nur einige Monate dauern, bis er erkennt, daß er in eine Falle getappt ist. Folge: Sein Pragmatismus und seine Vitalität werden aktiv, um sich zu befreien. Das macht er, indem er Trieb und Schaffenskraft nicht so optimiert, wie die Häscherin es erwartet. Er wird die Kontaktzeiten im ehelichen Bereich auf das Minimum reduzieren und als großer Junge im außerehelichen Bereich eine zweite Karriere machen. Und er wird mit Sicherheit die Fesseln des Daseins zu irgendeinem Zeitpunkt radikal abstreifen und ein neues Leben beginnen. Mit etwas Pech vergehen darüber Jahre. Aber nach der Wahrscheinlichkeitsrechnung wird das Risiko, daß er Fahnenflucht begeht, mit jedem Tag größer. Die Beziehung zu einem Macho ist also in letzter Konsequenz eine selbstgelegte Zeitbombe, von der keiner weiß, auf welche Detonationszeit der Zünder eingestellt ist. Aber eins ist sicher: Die Detonation erfolgt. Mit Sicherheit.

Natürlich kann man nicht erwarten, daß unsere Damen in ihrer komplizierteren Art zu denken, solche Risiken richtig einzuschätzen vermögen. Wäre das normale Ehedasein von Sachverstand gekennzeichnet, so gäbe es auf dieser Welt weder Scheidungen noch Frustrationen. Heterosexuelle Männer können über Jahre hinweg befreundet sein, zusammen wohnen, zusammen arbeiten. Nie ergeben sich Reibereien, die ins Emotionale absacken. Der Regelfall ist das normale, konstruktive Gespräch. Männliche Topmanager, die Jahre und Jahrzehnte ein Unternehmen geführt haben, wissen, wie man eine Aufgabenverteilung bewirkt, wie man

202

sich gegenseitig ergänzt und wie man über lange Lebensphasen konstruktiv miteinander wirkt.

Wenn diese fähigen Macher-Typen den Fehler begeben, sich in die Hände von Frauen zu begeben, sieht die Welt plötzlich anders aus. Sie lernen etwas kennen, das sie zuvor nicht kannten: Die Intrige, die Emotion, das unausweichliche Gesülze um die unwichtigsten Themen des Lebens.

Wenn darunter einer leidet, dann ist es der Macho. Wenn aber einer sich radikal befreien kann, dann ist es auch wieder er. Ohne Depressionen, ohne Angst, mit klarem Blick in die neue Zukunft, die neue Freuden verspricht. Er hat die Zügel in der Hand und sorgt mit seiner Motorik für eine ständige Vorwärtsentwicklung. Glücklicherweise gibt es von dieser Spezies Mensch hinreichend viele, und die Fruchtbarkeit der Frauen wird dafür sorgen, daß sie auch nicht aussterben.

Das ist das Ende!

Wer bis zu dieser Seite des Buches vorgedrungen ist, reagiert hoffentlich. Empört oder zustimmend, nachdenklich oder geistig abgeschottet. Es hängt wohl auch davon ab, zu welchem Geschlecht der Leser gehört, wie weitgesteckt seine intellektuelle Toleranz ist und welche Fähigkeit er besitzt, in komplexen Strukturen alternativ zu denken.

Wichtig für die Beurteilung des Dargestellten ist auch, inwieweit man die seltene Fähigkeit besitzt, historische Entwicklungen zu analysieren. Auch der Mut, tradiertes Denken zu verlassen, sich vom Establishment abzuheben und Gespür für den Zeitgeist zu entwickeln, wird entscheiden, inwieweit das Buch in der Lage war, zum Nachdenken aufzufordern. Und eins ist ganz besonders wichtig: Eine gewisse Portion Humor muß der Leser schon haben, um die kleinen satirischen Ausflüge in die Welt des Geschlechterkampfes richtig aufzunehmen.

Bleibt jetzt noch die Frage, ob ein Zusammenleben zwischen Mann und Frau wirklich möglich ist. Nun, die Chancen stehen schlecht! Denn die Strukturen, die ich zu beschreiben versucht habe, sind ja wahrhaft nicht neu. Die alten Dissonanzen haben nur eine neue Interpretation gefunden. Besserung ist nur zu erwarten, wenn wir die gesellschaftliche Position der Frauen wieder dort etablieren, wo sie ja Jahrhunderte gut aufgehoben war. Es geht einfach nicht an, daß man mit immer mehr Bequemlichkeit immer größeren Einfluß besitzen möchte! Hier muß die Kirche wieder zurück ins Dorf!

Der hysterische Theaterdonner um Gleichstellung, Emanzipation, Beziehungskisten und so vieles mehr muß aufhören. Frauen sollten entweder lernen, im Leben ihren Mann zu stehen oder sich auf die ihnen von der Natur zugewiesene Rolle zurückziehen. Die Diskussion um die Geschlechter, die ständig hochgeputscht wird, ist wahrhaftig nicht dazu geeignet, solide Partnerbeziehungen zu schaffen und aufrechtzuerhalten. Männer übernehmen die Rolle des Ernährers gerne, wenn ihnen dafür Akzeptanz und Kompetenz zugebilligt werden. Sie möchten aber den persönlichen Spielraum behalten, den ihnen die Natur in die Wiege gelegt hat. Und der ist heute ganz eindeutig sexualorientiert, kann aber morgen schon wieder ganz anders strukturiert sein.

An der Bipolarität des Lebens kann man nichts ändern. An der unterschiedlichen Denkweise ebenfalls nicht. Ändern muß man aber falsche Machtvorstellungen. Nicht ein einziges Mal haben unsere Frauen in der Menschheitsgeschichte den Beweis angetreten, Führungsqualitäten zu besitzen. Die wenigen Ausnahmen, die uns da vorgehalten werden, ändern nichts am Tatbestand des historisch bewiesenen Unvermögens.

Und: So schlecht waren die zweitausend Jahre christlicher Menschheitsgeschichte für die Frauen auch wieder nicht, als daß man den Mann dafür strafen müßte, der den Gang des Lebens über diesen gewaltigen Zeitraum aufrechterhalten hat.

Wenn unsere Frauen nicht einsichtig sind, dann wird Sexualität nach neuen Normen abreagiert, dann wird die Zweisamkeit in Frage gestellt und ihre wirtschaftliche, soziale und gesellschaftliche Rolle neu überdacht werden müssen.

Viele Heilsprediger preisen Allheilmittel gegen kaputte Beziehungen an – ich gehöre nicht dazu. Denn es gibt nicht einmal Heilmittel. Wieviel weniger *das* Allheilmittel!

Meine Herren: Kämpfen Sie um Ihre Rolle im Leben. Der Kampf ist die Vorbedingung des Sieges.

  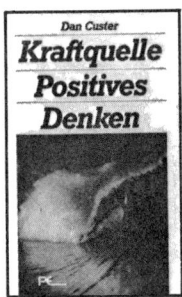

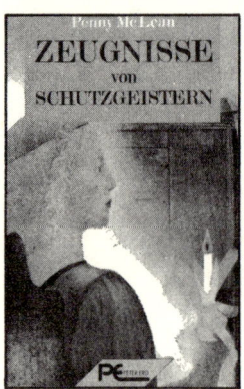